Ernst Schuegraf

HIMMLISCH

Gerichte zu Heiligenfesten aus aller Welt:

KOCHEN

von Ambrosiuscreme bis
Valentinskuchen

Ernst Schuegraf

HIMMLISCH

Gerichte zu Heiligenfesten aus aller Welt:

KOCHEN

von Ambrosiuscreme bis
Valentinskuchen

Bibliografische Information Der Deutschen Bibliothek

Die Deutsche Bibliothek verzeichnet diese Publikation in der Deutschen Nationalbibliografie; detaillierte bibliografische Daten sind im Internet über http://dnb.ddb.de abrufbar.

Umschlaggestaltung: UV Werbung, Mediengruppe Sankt Ulrich Verlag, Augsburg
Titelbild: AKG, Berlin
Heilige S. 66, 120, 162: © Seelsorgeamt Regensburg, Mein Namenspatron
Heilige S. 36, 48, 60, 170: © Bibliothèque nationale de France
Alle anderen Heiligenabbildungen mit freundlicher Genehmigung der Pädagogischen Stiftung Cassianeum, Donauwörth
Druck und Bindung: J. P. Himmer GmbH & Co. KG, Augsburg
Printed in Germany
ISBN 3-936484-17-1
www.sankt-ulrich-verlag.de

Inhalt

Einleitung

Für meine Mutter, von der ich mehr als Kochen lernte
Für meine Frau, von der ich mehr als Lieben lernte
Für meine Kinder Paul, Monica, Mark und Angela,
die mein Leben lebenswert machen

Die Idee für dieses Buch entstand 1998 in der Adventszeit, als meine Familie und ich ein Jahr in London lebten. Wir waren zu viert in einem kleinen Haus und hatten wenig zur Unterhaltung. Ich lese gerne Kochbücher und kopiere für meinen Gebrauch die besten Rezepte, die ich finde. Eines Abends las ich ein Buch über die Küche im Norden Englands und fand ein Rezept für einen Apfelkuchen mit Käse samt einer Erklärung seines Namens: Der Kuchen wurde immer am Festtag des hl. Wilfried gebacken. Schnell wurde ich neugierig auf mehr „Heiligen-Rezepte". Als gebürtiger Bamberger fielen mir sofort mehrere solche Rezepte ein. Ich dachte, es wäre interessant, sie zu sammeln und in der Familie auszuprobieren. Die öffentlichen Büchereien in London waren gut sortiert, und so hatte ich nach vier Wochen Suche ungefähr 80 Rezepte für 40 verschiedene Heilige. Ältere Kochbücher waren die besten Quellen, denn neuere bieten meistens Namen, die lediglich den Zutaten folgen, statt sich auf den Heiligen zu beziehen. Über Weihnachten wurde meine Idee viel klarer, nicht nur Rezepte zu sammeln, sondern auch eine Biographie und ein Bild des Heiligen zu finden. Die Freude über ein neues Rezept oder Gemälde eines Heiligen teilte ich mit meiner Familie. Sie war zwar nicht so begeistert von dem Projekt wie ich, sondern hatte mehr Spaß daran, die Rezepte zu probieren, die gekocht und fotografiert wurden. Der Fotograf selbst war nicht immer populär, denn die Bilder wurden geknipst, bevor das Essen beginnen konnte. Aber viele Heiligenrezepte waren süße Sachen, und das Warten war schnell vergessen.

Seit der ersten Verbreitung des Christentums hat sich die Kochkunst sehr geändert: Küchengeräte haben sich entwickelt, die Auswahl der Zutaten ist viel größer und exotischer, und das Publikum ist viel anspruchsvoller. Das Christentum hat viel zur Verbesserung der Kochkunst beigetragen: Viele Päpste, Bischöfe und Priester schätzten gutes Essen sehr und stellten die besten Köche ein, die sie finden konnten. Die vielen Reisen des Klerus und der Kontakt mit verschiedenen Ländern verbreitete die Kochkunst über ganz Europa. Viele Köche an geistlichen Höfen bereiteten ungewöhnliche Gerichte zu, deren Zutaten nicht allen zugänglich waren, wie zum Beispiel Wild. Im 15. Jahrhundert war die Verwendung exotischer Gewürze aus dem fernen Osten ein Zeichen besonderen Wohlstands. Die Köche in den Klöstern trugen auch viel zur Kochkunst bei, denn für die langen fleischlosen Zeiten im Advent und in der Fastenzeit war es nötig, gute und nahrhafte Fischgerichte zu schaffen. Diese Rezepte wanderten oft von den Klöstern hinaus in alle Küchen.
Im Mittelalter waren alle Tage des Jahres einem oder mehreren Heiligen gewidmet. Die wichtigsten waren die, deren Festtag überall begangen wurde. Trotzdem wurden Lokalheilige manchmal mit mehr Begeisterung gefeiert. Dazu wurde oft ein besonderes Ge-

richt mit Zutaten der Saison gekocht. Viele Rezepte führen nicht den Namen des Heiligen und gehören doch zu seinem Festtag. Manche Gerichte wurden so populär, daß sie auch an anderen Tagen des Jahres gekocht wurden. In vielen Gegenden Europas, vor allem aber in Frankreich, sind viele Orte nach einem Heiligen benannt, so daß Gerichte, die man nur dort kannte, ebenfalls auf diesen Namen getauft wurden, so etwa Lachs St. Ménéhould. Viele moderne Rezepte kamen auf ähnliche Art zu ihrem Namen. Viele Gerichte wurden aber zur Ehrung eines besonderen Heiligen geschaffen, wie zum Beispiel Gâteau St. Honoré für den Patron der Zuckerbäcker, Spanferkel St. Fortunatus für den Patron der Köche. Viele Rezepte haben Zutaten, die den Namen eines Heiligen führen, so Jakobsmuscheln oder Petersfisch. Manchmal geht diese Verbindung in der Übersetzung verloren. Manchmal gibt der Wein einem Gericht den Heiligennamen, wie zum Beispiel bei Rindsbraten St. Magdalena oder Macarons de St. Émilion. Bei manchen Rezepten war der Zusammenhang rätselhaft. Bei Felix zum Beispiel finden sich 56 verschiedene Heilige mit diesem Namen. In so einem Fall habe ich den ältesten genommen.
Einige Leser werden bemerken, daß Rezepte zu Marienfesten fehlen. Dafür gibt es zwei Gründe: Die Gottesmutter verdient zum einen besondere Berücksichtigung, zum anderen gibt es so viele Rezepte für sie und ihre Feiertage, daß man leicht ein eigenes Buch schreiben könnte. Die Rezepte in diesem Buch stammen mehrheitlich aus den katholischen Ländern Italien, Spanien, Frankreich und Deutschland, aber viele Rezepte kommen auch aus Amerika und Großbritannien. Meine Sammlung besteht jetzt aus mehr als fünfhundert Rezepten, und die Auswahl war schwierig. Das Ziel war, ein breites Spektrum von Rezepten für alle Gelegenheiten und Zutaten aus verschiedenen Ländern zu präsentieren, so daß jeder etwas finden kann, das ihn anspricht. Manche Rezepte sind sehr einfach, andere etwas raffinierter, aber in allen Fällen ist das Resultat die Arbeit wert. Einige Rezepte sind ziemlich alt, und die Angaben spiegeln ihre Zeit. Die Menge an Eiern und Butter ist manchmal erstaunlich; einmal fand ich ein Kuchenrezept mit 28 Eiern und zwei Pfund Butter! Manche Rezepte wurden geringfügig geändert, um eine gesündere Version zu präsentieren, aber die meisten sind original.
Diese Sammlung wäre ohne die Hilfe vieler meiner Freunde nicht entstanden. Ohne die moralische Unterstützung von Hans und Renate Sick an einem kritischen Punkt wäre dieses Buch nicht herausgekommen. Ein großer Dank geht auch an Frau A. Tauwald, die ihre Sammlung alter Kochbücher gründlich durchsuchte und viele sehr alte Rezepte ausgrub. Norbert Igel mit seinen Verbindungen brachte auch viele Rezepte für dieses Buch und half, wenn es notwendig war. Anne-Marie Gorman gab mir einige Bücher mit Rezepten und Bildern von Heiligen. Gerhard Dueck und Gillian Pink übersetzten einige Rezepte und halfen mir, die Kochanleitungen genau auszudrücken.
Den Bibliothekaren der St. Francis Xavier University steht auch großer Dank für ihre Geduld und Hilfe zu. Viele andere Freunde, zu viele, um sie einzeln aufzuzählen, gaben mir Unterstützung, moralisch oder durch Rezepte oder Tips.
Allen ein herzliches „Vergelt's Gott!“, und ich hoffe, daß Ihnen dieses Buch gefällt.

Antigonish, Nova Scotia
7. Januar 2003, am Festtag von St. Émilion

AGNES

Agnes war ein zwölfjähriges Mädchen, das zu Beginn des vierten Jahrhunderts in Rom lebte, als es noch verboten war, Christ zu sein. Ihre Lebensgeschichte – eine der ältesten unter den Heiligenlegenden – erzählt, daß der Sohn des Stadtpräfekten sich in sie verliebte und sie heiraten wollte, daß sie aber ablehnte und sagte, sie sei bereits mit Christus verlobt. Der Stadtpräfekt verschleppte sie, um sie seinem Sohn gefügig zu machen, doch als dieser sie schänden wollte, fiel er tot zu Boden. Agnes erweckte ihn durch ihr Gebet wieder zum Leben, trotzdem erhob der Präfekt öffentlich Anklage, weil sie Christin war. Sie wurde zum Tode durch Verbrennen verurteilt. Das Feuer aber wollte sie nicht verbrennen, und so wurde sie mit dem Schwert getötet. Ihr Martyrium soll sich im Jahr 304 zugetragen haben. Ihr Festtag ist der 21. Januar. Im Jahre 354 ließ die Tochter des Kaisers Konstantin, Constanze, die der Legende nach durch die Anrufung von Agnes vom Aussatz geheilt worden war, eine Kirche über ihrem Grab an der Via Nomentana bauen: S. Agnesi fori le mura. Dort werden jedes Jahr am 21. Januar zwei Lämmer gesegnet, aus deren Wolle die *Pallien* für die Erzbischöfe gewoben werden. Ihr Name ist dem lateinischen Wort *agnus* (Lamm) sehr ähnlich, weswegen sie oft mit einem Lamm zu ihren Füßen und einem Schwert in der Hand dargestellt wird. Sie ist die Patronin der Jungfrauen und der Gärtner.

Agnesenplätzchen

150 g Zucker
300 g Butter, in kleinen Stücken
375 g Mehl
Aprikosenmarmelade

Zucker, Butter und Mehl zu einem geschmeidigen Teig kneten und zehn Minuten in den Kühlschrank stellen. Den Teig dann gleichmäßig auf eine Dicke von ca. 6 mm ausrollen. Mit einer Schablone eine gerade Anzahl von Kreisen von ungefähr 5 cm Durchmesser ausschneiden, auf ein gut gefettetes Backblech legen und 30 Minuten ruhenlassen. Im vorgeheizten Ofen 12 Minuten bei 180° backen, bis die Kreise leicht gelb sind. Wenn die Kreise kalt sind, eine Hälfte mit der Marmelade bestreichen und mit einem anderen Kreis zudecken. Dieses Rezept ergibt ungefähr 36 Plätzchen.

AMBROSIUS

Ambrosius wurde um 339 als Sohn des römischen Präfekten von Gallien in Trier geboren. Nach dem Tode seines Vaters kehrte er nach Rom zurück, wo er von seiner Mutter und seiner Schwester Marcellina erzogen wurde. In Rom erhielt er auch eine rhetorische und juristische Ausbildung und wurde ein erfolgreicher Anwalt. Weil er so begabt war, wurde er bereits mit 31 Jahren Statthalter der Provinzen Emilia und Liguria mit Sitz in Mailand. Bei der Wahl eines neuen Bischofs im Jahr 374 war Ambrosius von Amts wegen für die Wahl des Nachfolgers verantwortlich. Die Wahl war wegen der Auseinandersetzungen mit den Arianern sehr schwierig, und die Legende berichtet, daß plötzlich ein Kind ausrief: „Ambrosius als Bischof!" Das Volk nahm diesen Ruf auf, und Ambrosius wurde zum Bischof gewählt, obwohl er noch nicht getauft war. Der Kaiser bestätigte die Wahl, und innerhalb einer Woche wurde Ambrosius getauft und zum Bischof geweiht. Er schenkte sein Vermögen der Kirche und den Armen und war für alle stets zu sprechen. Er arbeitete sehr hart, war ein großer Redner und überaus fruchtbarer Schriftsteller, der wegen seines „Bienenfleißes" oft mit einem Bienenkorb dargestellt wird. Ambrosius spielte auch bei der Bekehrung des hl. Augustinus eine große Rolle. Seine zahlreichen Schriften haben noch heute großen Einfluß. Er ist einer der vier großen Kirchenväter und eine der bedeutendsten Gestalten der Kirche im vierten Jahrhundert. Furchtlos bekämpfte er die Arianer, die von einigen Mitgliedern der kaiserlichen Familie unterstützt wurden. Sein Ansehen war so groß, daß er in der Öffentlichkeit den Kaiser Theodosius für ein Massaker an Tausenden von Männern, Frauen und Kindern in Thessaloniki kritisieren konnte. Nach seiner Exkommunizierung tat Theodosius öffentlich Buße für seine Tat. Ambrosius starb im Jahre 397 in Mailand und ist dort in der Kathedrale beerdigt, die seinen Namen trägt. Sein Festtag ist der 7. Dezember. Er ist der Schutzpatron der Bienenzüchter und der Lernenden. In der Kunst wird er immer als Bischof dargestellt.

Ambrosiuscreme

500 ml Sauerrahm
125 g Zucker
Rote Speisefarbe
2 Eiweiß
1 EL Zitronensaft
1 EL Rum
½ TL Vanillearoma
4 EL kaltes Wasser
250 ml geschlagene Sahne
1 ½ Tütchen Gelatinepulver (für 600 ml Flüssigkeit)

Sauerrahm und Zucker schaumig schlagen, dann Speisefarbe dazugeben. Eiweiß schlagen und mit dem Zitronensaft, dem Rum und der Vanille in die Sauerrahm-Zucker-Mischung einrühren. Gelatine in kaltem Wasser einweichen, langsam erhitzen, durch Umrühren auflösen und der Mischung unter langsamem Umrühren hinzufügen. In eine Schüssel gießen und in den Kühlschrank stellen, bis die Masse fest ist.
Vor dem Servieren die Schüssel 20 Sekunden in heißes Wasser tauchen, auf einer Platte umdrehen und Schüssel entfernen. Geschlagene Sahne zum Dekorieren außen herum und obenauf spritzen.
Für 8 Personen.

ANDREAS

Andreas war Fischer wie sein Bruder Petrus. Er war zuerst Jünger Johannes des Täufers. In allen vier Evangelien wird er mit Petrus, Jakobus dem Älteren und Johannes dem Evangelisten als einer der vier ersten Apostel genannt. Johannes erwähnt ihn besonders bei dem Wunder der Brot- und Fischvermehrung (Joh 6,8). Genaueres ist von ihm nicht bekannt, aber von den frühchristlichen Schriftstellern hören wir, daß er hauptsächlich in Griechenland und im Balkan missioniert hat. Die Russen, die ihn als Schutzpatron verehren, behaupten, daß er zu ihnen und sogar bis nach Polen gekommen sei. Die Tradition erzählt, daß Andreas während der Christenverfolgung des Kaisers Nero im Jahre 60 auf der griechischen Insel Patras an ein x-förmiges Kreuz, das sogenannte Andreaskreuz, geschlagen wurde. Seine Reliquien wurden im Jahre 357 nach Konstantinopel überführt, 1208 in den Westen gebracht und sind jetzt über ganz Europa verstreut. Einige Reliquien kamen im achten Jahrhundert nach St. Andrews in Schottland. Aus diesem Grund ist Andreas der Schutzheilige Schottlands, und sein Kreuz repräsentiert Schottland in der britischen Flagge. In der Kunst wird Andreas oft mit seinem Kreuz oder als Fischer dargestellt. Er ist der Patron von Schottland, Rußland, Griechenland, Sizilien und Niederösterreich. Er ist auch Patron der Fischer, Fischhändler und Metzger. Sein Festtag ist der 30. November und wird noch viel gefeiert, vor allem von den Schotten in der ganzen Welt.

Dieses Gericht wird im Südwesten Frankreichs in den ersten kalten Herbstnächten zubereitet.

Daube de la Saint-André

RINDERSCHMORBRATEN

1500 g Rindfleisch, ohne Knochen
500 g Rückenfett vom Schwein
3 EL Petersilie, gewiegt
1 EL Knoblauch, gewiegt
3 Schalotten, gehackt
Salz und Pfeffer
1 Flasche Rotwein,
trocken und schwer
1 Nelke
1 Zwiebel
1 Lorbeerblatt
1 TL Thymian
1 TL Zucker

Mit dem Kochen am Vortag beginnen, sonst läßt sich das Fett nicht entfernen. Fett vom Rindfleisch entfernen und in 1 cm dicke Scheiben gegen die Fasern schneiden. Schweinefett in Würfel schneiden, 5 Minuten in heißes Wasser legen und abtropfen lassen. Mit dem Fleischwolf oder einem Mixer zu einer streichfähigen Masse verarbeiten. Petersilie, Knoblauch, Schalotten, Salz und Pfeffer untermischen.
Eine Auflaufform anfetten und dann die Rindfleischscheiben und die Schweinefettmischung in Schichten hineinlegen. Den Wein ungefähr 15 Minuten leicht kochen lassen, daß der Alkohol verdunstet, dann heiß über das Fleisch gießen. Lorbeerblatt, Thymian und Zucker hinzufügen. Die Nelke in die Zwiebel stecken und obenauf legen. Auflaufform mit Deckel gut verschließen. Im Herd bei 120° sechs Stunden lang schmoren lassen. Abkühlen, in den Kühlschrank stellen.
Am nächsten Tag das harte Fett entfernen. Eine Stunde vor dem Essen das Fleisch im Herd bei 150° wieder erwärmen. Falls noch etwas Fett an die Oberfläche kommt, vor dem Essen entfernen. Zuviel Flüssigkeit kann durch heißes Kochen reduziert werden. Die Fleischscheiben können auch vor dem Servieren mit der Gabel in Stücke zerteilt werden. Für 8 Personen.

ANGELUS

Angelus der Karmelit wurde 1145 in Jerusalem geboren. Seine Eltern waren Juden, die zum Christentum übergetreten waren. Mit 18 Jahren trat er in ein Kloster am Berg Karmel ein, und etwas später zog er sich in die Wüste zurück und lebte als Einsiedler. Sein Bruder Johannes wurde zum Patriarchen von Jerusalem gewählt. Angelus wurde vom Abt seines Klosters nach Rom geschickt, um von Papst Honorius III. die Regeln des Karmeliterordens genehmigen zu lassen. Nachdem der Papst seine Zustimmung gegeben hatte, ging Angelus daran, Sizilien zu missionieren. Furchtlos griff er in aller Öffentlichkeit einen der dortigen Adeligen, Graf Berengarius, an, und warf ihm seinen unrechten Lebenswandel vor. 1220 wurde er von gedungenen Mördern des Grafen getötet. Sein Festtag ist der 5. Mai. In der Kunst wird er häufig mit drei Kronen zu seinen Füßen dargestellt, Symbole der Keuschheit, des Martyriums und der Beredsamkeit.

Hase Sankt Angelus

1 kg Hase, gesäubert
3 EL Olivenöl
500 ml Dose Tomaten
100 ml Weißwein, trocken
1 Knoblauchzehe
1 Prise Thymian
1 Prise Rosmarin
Mehl zum Bestäuben
Frische Basilikumblätter
Salz und Pfeffer

Hase gründlich waschen, in kleine Stücke schneiden und dabei möglichst alle kleinen Knochen entfernen. Stücke leicht salzen, mit Mehl bestäuben und in einer Pfanne mit Olivenöl schön braun braten. Den Knoblauch fein schneiden. Den Saft der Tomaten abtropfen lassen und aufheben. Tomaten grob hacken. Knoblauch, Tomaten, Rosmarin, Thymian und Wein in die Pfanne geben und zudecken. Bei mittlerer Hitze ungefähr eine Stunde leicht köcheln lassen. Basilikum nach einer halben Stunde zufügen. Ab und zu umrühren, daß die Soße nicht anbrennt. Falls die Soße zu dick ist, etwas von dem Tomatensaft zufügen. Mit Salz und Pfeffer abschmecken und heiß servieren. Für 4 bis 6 Personen.

ANNA

Anna, die Mutter der Jungfrau Maria, wird von der Kirche schon seit dem zweiten Jahrhundert verehrt, obwohl keine historischen Fakten ihres Lebens bekannt sind. Es heißt, daß sie und ihr Ehemann Joachim aus dem Stamm Juda und Abkommen von König David waren. Die Reliquien der hl. Anna wurden angeblich im achten Jahrhundert von Jerusalem nach Konstantinopel übertragen, und ihre Verehrung in der Ostkirche wuchs deswegen sehr. Ihre Popularität im Westen nahm im 12. Jahrhundert sehr zu, da sich die Kirche für ihre Tochter wieder mehr interessierte. In Deutschland ist Anna vor allem auf dem Land ein beliebter Name. Sie ist die Schutzheilige der Bretagne und wird dort sehr verehrt. Die französischen Siedler, die nach Québec auswanderten, brachten ihre Schutzheilige mit; Ste. Anne de Beaupré am St.-Lorenz-Strom ist das Zentrum ihrer Verehrung in Nordamerika. Das Fest der hl. Anna und ihres Mannes Joachim ist der 26. Juli. In der Kunst wird Anna oft gezeigt, wie sie ihrer Tochter das Lesen beibringt. Viele andere Darstellungen zeigen Anna, Maria und Jesus gemeinsam („Annaselbdritt“). Sie ist die Schutzheilige der Hausfrauen.

Elsässische Annatorte

Kuchen
250 g Zucker
250 g Butter
250 g Mehl
125 g Schokolade, gerieben
100 g Mandeln, gerieben
50 g Zitronat u. Orangeat, fein gewiegt
4 Eier
2 EL brauner Rum
1 1/2 EL Backpulver
1 Vanillezucker
Glasur
125 g Puderzucker
3 EL Wasser, Rum oder Zitronensaft

Eier, Zucker und Vanillezucker schaumig rühren. Rum dazugeben. Mehl und Backpulver mischen und dazugeben. Etwas umrühren, dann die anderen Zutaten hinzufügen. Zu einem glatten Teig verarbeiten. Den Ofen auf 180° vorheizen. Eine 20 cm große runde Kuchenform einfetten und mit Mehl bestäuben. Teig einfüllen. Ungefähr 50 Minuten backen, bis der Kuchen fertig ist.

Für die Glasur den Staubzucker mit der Flüssigkeit vermischen und den Kuchen damit bedecken. Der Kuchen kann mit kandierten Kirschen und Schokolade dekoriert werden.
Reicht für 10 bis 12 Personen.

ANTONIUS DER GROSS

Antonius der Große wurde um 250 im heutigen Keman in Ägypten geboren. Seine Eltern waren ziemlich reich. Nach dem Tode seiner Eltern – er war 20 Jahre alt – verkaufte er alles was er besaß, und zog sich in die nahe Wüste zurück, um als Einsiedler zu leben. Der Legende nach hatte er dort unter starken Versuchungen zu leiden, die er durch ein strenges Regime von Fasten und Beten bezwang. Viele wollten sich Antonius anschließen und den gleichen Lebensstil führen, so daß er im Jahre 305 die erste Einsiedlergemeinde in der Nähe von Theben gründete. Aus dieser Gründung bildete dann der Mönchsvater Pachomius später die erste Mönchsgemeinde. Antonius verließ seine Einsamkeit nur noch einmal, auf Bitten seines Freundes Athanasius, des Patriarchen von Alexandria, um gegen den Arianismus zu reden. Sein Einfluß und Ansehen waren ein großer Beitrag zur Niederlage der Arianer auf dem Konzil von Nizäa 325. Antonius starb im Jahre 356, 105 Jahre alt, und wurde nach seinem Wunsch an einem unbekannten Ort beerdigt. Sein Grab wurde zweihundert Jahre später entdeckt und sein Körper nach Alexandria übertragen. 1095 wurde der Antoniterorden gegründet und verbreitete sich über ganz Westeuropa. Die Schweine des Ordens, für die Armen bestimmt, durften auf den Straßen frei herumlaufen. Antonius war im Mittelalter ein sehr populärer Heiliger, ein Patron der Mönche und der Hirten. Sein Festtag ist der 17. Januar. Für die Künstler waren vor allem seine Versuchungen ein sehr beliebtes Motiv. Wegen der Schweine des Antoniterordens werden oft Gerichte mit Schweinefleisch mit Antonius verbunden.

Olla de San Antonio

FLEISCHEINTOPF SANKT ANTONIUS

250 g weiße Bohnen
125 ml Weißwein
250 g Schweinemagen, in Würfel geschnitten
250 g Schweinefleisch, mager, gewürfelt
250 g Schweinerippen, in kleinen Stücken
125 g Chorizowurst
125 g Blutwurst
3 EL Olivenöl
1 Lorbeerblatt
1 Knoblauchzehe, fein gehackt
1 Zwiebel
4 Pfefferkörner
1 EL Mehl
1 TL Paprika
Salz
Pfeffer, frisch gemahlen

Die Bohnen über Nacht in kaltem Wasser einweichen. Zum Kochen bringen, abseihen, mit kaltem Wasser abwaschen und wieder abseihen. Die Bohnen in einen Topf mit Deckel geben, mit Wasser auffüllen, bis die Bohnen zugedeckt sind, den Wein dazugießen und zum Kochen bringen. Während dieser Zeit das Fleisch schneiden. Die Pfefferkörner in die geschälte Zwiebel drücken. Wenn die Bohnen kochen, das Fleisch, die Würste, die Hälfte des Öls, das Lorbeerblatt und die Zwiebel hinzufügen. Topf zudecken und bei schwacher Hitze ungefähr 75 Minuten kochen, bis die Bohnen langsam weich werden. Fleisch aus den Bohnen nehmen, Knochen entfernen, grob schneiden und warm halten. In einem kleinen Topf den Rest des Öls, Mehl und Paprika kochen, bis die Mischung Blasen wirft, dann in die Bohnen einrühren. Die Bohnen wieder zum Kochen bringen, das Fleisch hinzugeben und 15 Minuten langsam kochen lassen. Ab und zu umrühren, damit die Bohnen nicht anbrennen. Unter Umständen Wasser dazugießen. Vor dem Servieren Zwiebel und Lorbeerblatt entfernen, mit Salz und Pfeffer abschmecken.

In Guadalajara war es Brauch, ein gemeinsam gefüttertes Schwein am Antoniustag zu verlosen. Der Gewinner bereitete daraus einen Eintopf für das ganze Dorf. Wir lassen aber Schwanz und Ohren weg.

ANTONIUS VON PADUA

Antonius von Padua, der Sohn einer adeligen portugiesischen Familie, wurde 1195 in Lissabon geboren und auf den Namen Fernando getauft. Er schloß sich 1212 den Augustiner-Chorherren an und studierte in Coimbra. Im Jahre 1220 trat er in das dortige Franziskanerkloster über, bewogen durch die Beerdigung von fünf Franziskanern, die in Marokko gemartert worden waren. Dort nahm er auch den Namen Antonius an. Er wurde zur Missionsarbeit nach Marokko geschickt, mußte aber aus Gesundheitsgründen aufgeben und wurde auf der Rückkehr durch einen Sturm nach Sizilien verschlagen. Er lebte bescheiden in einem einsamen Bergkloster, bis sein ungewöhnliches Talent zum Predigen entdeckt wurde. Antonius wirkte in Italien und Südfrankreich und hatte großartige Erfolge. Wegen seiner vielen Zuhörer – bis zu 30.000 – waren meistens die Kirchen zu klein und er predigte auf den Plätzen. Er war den Armen sehr zugetan und seine Predigten waren oft ein Angriff auf Geiz und extravagantes Leben. Der hl. Franziskus ernannte ihn zum ersten Lehrer der Theologie für den ganzen Orden. 1231 zog sich Antonius erschöpft nach Padua zurück, wo er kurz darauf mit 36 Jahren starb. Nur ein Jahr später wurde Antonius von Papst Gregor IX. heiliggesprochen, 1946 wurde er zum Kirchenlehrer erhoben. Sein Grab in Padua ist das Ziel sehr vieler Pilger. Für die Italiener ist er „il Santo", der Heilige schlechthin. Er ist der Schutzpatron von Portugal und der Eheleute. Besonders bekannt ist er als Patron beim Wiederauffinden verlorener Sachen. In der Kunst wird er meistens mit einem Buch und einer Lilie dargestellt, oft mit dem Jesuskind auf dem Buch sitzend. Sein Festtag ist der 13. Juni.

Zuppa di Sant' Antonio

ANTONIUS-SUPPE

4 Eier
3 EL Mehl
1/2 TL Salz
1/2 TL Backpulver
Öl zum Ausbacken
2 l Hühnerbrühe
250 g Spinat, gekocht und gehackt
Parmesan

Eier, Mehl, Salz und Backpulver zu einem dünnen Teig zusammenrühren. Das Öl erhitzen und mit einem Teelöffel kleine Bällchen in das heiße Öl tropfen lassen. Wenn sie schön goldgelb sind, herausnehmen und auf einem Küchenpapier abtropfen lassen. Die Hühnerbrühe zum Kochen bringen, den gehackten Spinat und die gebackenen Teigbällchen zugeben und noch fünf Minuten kochen lassen. Vor dem Servieren die Suppe mit geriebenem Parmesan bestreuen.
Reicht für 8 bis 10 Personen.

Gegrillte Sardinen

1 kg Sardinen, frisch

125 g grobes Salz

3 EL Olivenöl

Sardinen waschen und ausnehmen. Kopf und Schwanz können entfernt werden. Die Sardinen und das Salz in Schichten in eine flache Schüssel geben und für zwei bis drei Stunden in den Kühlschrank stellen. Danach das Salz gründlich abwaschen, die Sardinen mit einem Küchenpapier abtrocknen und mit Olivenöl bestreichen. Den Grill vorheizen. Die Sardinen auf ein gut geöltes Grillblech legen und bei einem Abstand von 10 cm auf jeder Seite zwei bis drei Minuten grillen. Das Fischfleisch sollte flockig aussehen. Besser werden die Sardinen auf einem Holzkohlengrill. Fisch direkt vom Grill mit Broa (Maisbrot) servieren, sonst mit frischem Baguette.

Broa
PORTUGIESISCHES MAISBROT

2 TL Trockenhefe
4 EL lauwarmes Wasser
250 g gelbes Maismehl
1 1/4 TL Salz
1 TL Zucker
125 ml kochendes Wasser
4 EL Olivenöl
150–225 g Mehl

In einem kleinen Behälter die Hefe über das lauwarme Wasser streuen und an einem warmen Platz zwei Minuten stehenlassen, umrühren, und dann zehn Minuten stehenlassen. In der Zwischenzeit mit dem Mixer das Maismehl zu einem feinen Mehl verarbeiten, am besten in zwei Teilen. Die Hälfte des feinen Maismehls mit dem kochenden Wasser, Zucker und Salz zu einer glatten Masse verrühren. 3 Eßlöffel Olivenöl hineingeben und abkühlen lassen, bis es lauwarm ist. Die Hefe unter diese Mischung rühren und unter ständigem Umrühren langsam den Rest des Maismehls und 150 g des normalen Mehls hinzugeben. Den Teig etwas kneten und einen Ball formen, an einen warmen Platz stellen und warten, bis sich das Volumen verdoppelt hat. Mit dem Rest des Öls eine runde Backform von 25 cm Durchmesser einfetten. Den Teig fünf Minuten kneten und, falls der Teig zu klebrig ist, mehr normales Mehl einarbeiten. Der Teig soll fest aber nicht hart sein. Den Teig in die geölte Form geben und 30 Minuten gehenlassen, bis er sich wieder verdoppelt hat. Herd auf 175° vorheizen. In der Mitte des Herdes ungefähr 40 Minuten lang backen, bis die Oberfläche schön goldgelb ist.

AUGUSTINUS

Augustinus wurde 354 in Tagaste im heutigen Algerien geboren. Sein Vater war Heide, seine Mutter Monika aber Christin; sie sorgte dafür, daß Augustinus, ohne getauft zu sein, eine christliche Erziehung erhielt. Mit der finanziellen Unterstützung eines Freundes studierte Augustinus zuerst Jura, später Philosophie und Rhetorik. Während dieser Zeit entfernte er sich mehr und mehr vom christlichen Glauben, hatte 15 Jahre lang eine Mätresse, von ihr einen Sohn, und hing den Manichäern an. Nach einem kurzen Aufenthalt in Rom wurde er kaiserlicher Professor in Mailand, wo er Ambrosius begegnete. Im Jahre 387 wurde er zusammen mit seinem Sohn Deodatus von Ambrosius getauft. Augustinus kehrte in seine Heimat zurück. Zuerst führte er in Tagaste mit Freunden ein christliches Leben, dann wurde er 394 zum Priester geweiht und 396 zum Bischof von Hippo ernannt. Er starb 430 im Alter von 75 Jahren während der Belagerung der Stadt durch die Vandalen. Augustinus war ein sehr fruchtbarer Schriftsteller, seine bedeutendsten Schriften sind die „Bekenntnisse" und der „Gottesstaat". Bis zum 13. Jahrhundert gab es keinen Theologen, dessen Einfluß vergleichbar gewesen wäre. Seine Reliquien befinden sich in Pavia. Seine Verehrung begann sehr früh, und er wurde zum Lehrer der abendländischen Kirche erhoben. In der Kunst wird er als Bischof dargestellt. Sein Festtag ist der 28. August. Er ist der Patron der Theologen, Buchdrucker und Bierbrauer.

Chiles en Nogada
GEFÜLLTE PAPRIKASCHOTEN

Soße
50 Walnüsse, geschält, oder 200 g geriebene Walnüsse
Milch (nur wenn ungeriebene Nüsse verwendet werden)
100 g Ziegenkäse, sonst Frischkäse nehmen
1 altes hartes Brötchen
Salz und Pfeffer
1 Prise Zimt
Füllung
300 g Tomaten, frisch, oder aus der Dose
100 g Mandeln, ganz und geschält
2 Pfirsiche, geschält und gehackt
2 Birnen, geschält und gehackt
100 g Rosinen
2 EL Olivenöl
250 g Hackfleisch vom Rind
250 g Hackfleisch vom Schwein
4 EL Zwiebel, gehackt
1 TL Knoblauch, fein gewiegt
1/4 TL Safran
Paprikaschoten
7–8 Paprikaschoten, mittelgroß, wenn möglich verschiedenfarbig
Öl zum Ausbacken
Überzug
100 g Mehl
1 TL Zimt
1/2 TL Nelken, gemahlen
2 TL Zucker
2 Eier

Wenn die Soße mit frischen Nüssen gemacht wird, die geschälten Nüsse in Milch einlegen, damit die Haut weich wird. Nach 20 Minuten die Haut der Nüsse entfernen. Die Nüsse, den Käse, das Brötchen und Milch mit dem Mixer zu einer Soße verarbeiten. Sie muß dünn genug zum leichten Gießen sein, zum Verdünnen Milch nehmen. Mit Salz und Pfeffer abschmecken und die Prise Zimt hinzugeben. Pfirsiche, Birnen und Tomaten schälen und grob hacken. Mandeln grob hacken. Rosinen im heißen Wasser einweichen. Das Öl in einer Pfanne erhitzen und das Fleisch schön bräunen. Tomaten, Zwiebel und Knoblauch dazugeben und zugedeckt ein paar Minuten kochen lassen. Die Birnen, Pfirsiche, Mandeln und abgeseihten Rosinen darunter mischen, mit Salz und Pfeffer abschmecken und so lange kochen, bis die Füllung ziemlich dick und fast alle Flüssigkeit verdunstet ist. Die Schoten ein paar Minuten in heißem Wasser kochen, daß sie weicher sind. Deckel und Samen entfernen.

Um den Überzug vorzubereiten, mischt man alle trockenen Zutaten zusammen. Die zwei Eier leicht schlagen. Die Paprikaschoten mit der Fleischmischung füllen. Die Außenseite der Schoten befeuchten und in die Mehl-Gewürz-Mischung rollen. Danach in die Eier tauchen und wieder mit der Mehl-Gewürz-Mischung bestreuen. Öl in einem hohen Topf erhitzen, Schoten sollten zu einem Drittel eingetaucht sein. Vorsicht mit dem heißen Öl! Die gefüllten Schoten bei 190° ausbacken, bis sie schön braun sind. Auf einem Küchenpapier abtropfen lassen. Mit Petersilie und Pomeranzensamen garnieren und mit der kalten Soße servieren. Reicht für 6 bis 8 Personen.

BARBARA

B

Barbara ist eine sehr beliebte Heilige, von der man allerdings nichts Gesichertes weiß. Der Legende nach lebte sie im dritten Jahrhundert im heutigen Izmid in der Türkei und wurde während der blutigen Christenverfolgung unter Kaiser Maximinus Daia um 306 getötet. Die Beschreibung ihres Martertodes erfolgte erst im siebten Jahrhundert, ihre erste Darstellung in der Kunst stammt aus dem achten Jahrhundert. Vier Städte in Italien und im Nahen Osten behaupten, der Ort ihres Martyriums zu sein. Ihre Popularität beruht auf der „Goldenen Legende" aus dem 13. Jahrhundert. Dieser Legende nach wurde Barbara von ihrem heidnischen Vater in einen Turm geschlossen, um sie von den Christen fernzuhalten. Als ihr Vater weg war, gab sie Weisung, ein drittes Fenster in das Obergemach einzusetzen. Als der Vater zurückkam und sie deswegen zur Rede stellte, sagte sie, daß es zu Ehren der Dreifaltigkeit sein solle. Daraufhin wurde der Vater zornig und übergab sie einem Richter, der sie zum Tode durch das Schwert verurteilte. Das Urteil wurde von ihrem eigenen Vater vollzogen, der unmittelbar darauf vom Blitz erschlagen wurde. Barbara gehört zu den Vierzehn Nothelfern; ihr Festtag ist der 4. Dezember. In der Kunst wird sie oft mit einem Turm dargestellt. Sie ist Schutzpatronin der gefährlichen Berufe, der Bergleute, Feuerwehrmänner und Artilleriesoldaten. Sie ist aber auch die Patronin der Architekten, Steinmetzen und Mathematiker.

Schweinelendchen Barbara

500 g Schweinelendchen
Salz und Pfeffer
2 EL Butter
250 g kleine Äpfel
125 ml Weißwein, trocken
125 ml Sahne
4 TL Speisestärke
4 EL Wasser
2 EL Meerrettich
1 Prise Zucker

Die Lende in ca. 2 cm dicke Scheiben schneiden, großzügig salzen und pfeffern und in einer Pfanne mit Butter braten, bis beide Seiten gut gebräunt sind. Aus der Pfanne nehmen und warm halten. Äpfel schälen, in zwei Teile schneiden und entkernen. Den Wein in die Pfanne geben und die Apfelhälften einlegen. Pfanne zudecken und 10 Minuten leicht ziehen lassen. Äpfel entfernen und auf die Lendenscheiben legen. Die Sahne zum Wein in die Pfanne geben, gut umrühren und langsam zum Kochen bringen. Die Speisestärke mit den 4 Eßlöffel Wasser mischen und in die Soße einrühren. Eine Minute lang kochen. Meerrettich und Zucker dazugeben, mit Pfeffer und Salz abschmecken und dann die Soße über die Äpfel und Lendenscheiben gießen. Für 3 bis 4 Personen.

BASILIUS

Basilius der Große wurde um 330 in Cäsarea in Kappadozien in einer vornehmen, frommen christlichen Familie geboren. Seine Eltern und drei Geschwister (darunter Gregor von Nyssa) sind ebenfalls Heilige. Während seines Studiums in Athen wurde er zum lebenslangen Freund des hl. Gregor von Nazianz. Basilius lebte dann als Mönch in Syrien und Ägypten, bevor er sich als Einsiedler in der Nähe von Cäsarea niederließ. Er verließ seine Einsamkeit im Jahre 364, als sein Bischof ihn zur Hilfe gegen den Arianismus anrief. Im Jahre 370 wurde er selbst Bischof von Cäsarea und kümmerte sich sehr um sein Volk. Er verteilte seine Erbschaft an die Armen und gab ihnen während einer Hungersnot zu essen. Basilius predigte sehr viel und korrespondierte mit allen berühmten Zeitgenossen. Sein größter Beitrag sind seine umfangreichen theologischen Schriften über den Heiligen Geist und seine Regeln für das Mönchtum in der Ostkirche. Es gelang ihm, das Christentum mit den besten Ideen der Philosophie und der Weltkultur zu vereinen. Aus diesem Grund wird er als Kirchenlehrer verehrt. Der hl. Benedikt benutzte die Mönchsregel des Basilius, um seine Regel zu entwickeln. In der Kunst wird Basilius als Mönch oder als Bischof dargestellt. Sein Festtag ist der 2. Januar.

Lakror

FLEISCHPASTETE

3 EL Butter
1 Zwiebel, mittelgroß, fein gehackt
750 g Hackfleisch, am besten aus Rind und Lamm
2 TL Knoblauch, fein gewiegt
1 TL Salz
2 TL Oregano
frischgemahlener Pfeffer
125 ml Petersilie, gehackt
125 g gekochter Reis
6 Eier
500 g Blätterteig
125 g Butter

Die Butter in einer großen Pfanne schmelzen und bei schwacher Hitze die Zwiebeln dünsten, bis sie glasig sind. Das Fleisch, Knoblauch und Oregano zugeben und das Fleisch schön bräunen. Das Fett abgießen und das Fleisch mit Pfeffer und Salz abschmecken. Reis, Petersilie und Eier mischen. Mischung mit dem Fleisch vermengen. Eine Kastenform (24 x 30 cm) gut buttern. Ein Blatt Blätterteig auf die Größe der Form zuschneiden. Da mindestens 20 Blätter gebraucht werden, ist es einfacher, alle auf einmal zuzuschneiden. Das erste Blatt auf den Boden der Form legen und mit der geschmolzenen Butter bestreichen. Die Fleischfüllung gleichmäßig verteilen. Mit einem weiteren Blatt Blätterteig zudecken, mit Butter bestreichen und wiederholen, bis alle geschnittenen Blätter benutzt sind. Das letzte Blatt gut andrücken, vor allem am Rand. Mit einem scharfen Messer die Oberfläche des Lakror leicht anschneiden, entweder in Quadrate oder Rauten. Diese Markierungen machen es später einfacher, die Pastete zu schneiden. Im vorgeheizten Herd bei 190° backen, bis die Oberfläche schön goldbraun ist. 6 bis 8 Portionen.

In Albanien wird Basilius am Neujahrstag gefeiert. Zu seiner Ehre wird diese Fleischpastete gebacken, in der ein Schmuckstück oder eine Münze versteckt ist. Wer das Schmuckstück findet, hat das ganze Jahr lang Glück.

BLASIUS

Blasius war der Tradition nach ein Arzt, der im vierten Jahrhundert zum Bischof von Sebaste in Armenien gewählt wurde. Obwohl Kaiser Konstantin im Westen die Christenverfolgung beendet hatte, verfolgte sein Mitkaiser im Osten, Licinius, die Christen immer noch. Als ein Führer der Kirche wurde Blasius angeklagt, Christ zu sein und für schuldig befunden. Der Legende nach wurde er ungefähr im Jahre 316 mit eisernen Kämmen zerfleischt und dann enthauptet. Seine Reliquien sind über ganz Europa verstreut. Es gibt viele Legenden über Blasius, die berühmteste ist die Rettung eines Kindes vor dem Erstickungstod an einer Fischgräte. Dann beschwerte sich einmal eine Witwe darüber, daß ein Wolf ihr Schwein gestohlen habe. Blasius sprach mit dem Wolf, und dieser brachte der Witwe das Schwein zurück. Seit dem sechsten Jahrhundert wird Blasius im Osten bei Halskrankheiten angerufen. Den Blasiussegen, bei dem zwei Kerzen gekreuzt werden, gibt es im Westen seit dem 16. Jahrhundert. Blasius gehört zu den Vierzehn Nothelfern, er ist der Schutzheilige von Paraguay und der Patron der Wollhändler und Ärzte. Sein Festtag ist der 3. Februar.

Bubenschenkel

750 g Mehl
1 TL Trockenhefe
250 ml Milch, lauwarm
2 EL Butter, geschmolzen
1/2 TL Salz
1 Prise Zucker
3 Eier
Öl zum Ausbacken

Zucker mit Milch vermischen und Hefe einrühren. Etwas gehenlassen und dann mit dem Rest der Zutaten einen Hefeteig herstellen. Teig eine Stunde gehenlassen, auf ungefähr 1 cm Dicke auswellen. Rechtecke ausschneiden (ungefähr 5 x 10 cm) und längs in der Mitte bis zur Hälfte einschneiden. Nochmals kurz gehen lassen. Im heißen Fett ausbacken, bis die Bubenschenkel golden sind. Öl abtropfen lassen, mit Kartoffelsalat und grünem Salat servieren. Auch mit Fleisch in viel Soße gut. Reicht als Beilage für 8 bis 10 Personen.

BRIGITTA

Brigitta, die in ihrer Heimat Brigid heißt, wurde 453 in Irland in Uinmeras in der Nähe von Kildare geboren. Ihre Eltern waren einfache Christen. Der Legende nach ist sie vom hl. Patrick getauft worden. Mit 14 Jahren schon wurde Brigitta Nonne. Die Legende berichtet, daß sie das Vieh des Klosters hütete, und daß die Kühe, für die sie verantwortlich war, mehr Milch gaben als andere. Nach einiger Zeit gründete sie ein Kloster in Kildare und wurde dessen Äbtissin. Dieses Kloster war das erste religiöse Haus für Frauen in Irland. Brigitta starb im Jahre 525 und wurde in Kildare beerdigt. Sie war bekannt für ihre Gastfreundschaft und ihre Fürsorge für die Armen. Brigitta hatte einen großen Anteil an der Ausdehnung des Christentums in Irland und ist zusammen mit dem hl. Patrick Patronin von Irland. Ihr Kult wurde von irischen Missionaren nach Europa gebracht, und viele Kirchen in Wales, im Elsaß und in Flandern sind ihr geweiht. Sie ist auch Stadtpatronin von Essen. In der Kunst wird sie entweder als Äbtissin dargestellt oder mit einer Kuh oder Gans zu ihren Füßen. Brigitta ist die Schutzheilige der Dichter, der Schmiede und des Viehs. Ihr Festtag ist der 1. Februar.

Barm Brack

FRUCHTKUCHEN

100 g Sultaninen
100 g Rosinen
100 g Korinthen
50 g kandierte Kirschen
50 g Zitronat und Orangeat
175 g brauner Zucker
200 g Mehl
$^1/_2$ TL Backpulver
Je eine Messerspitze Nelken,
Zimt, Kardamom, Koriander,
Piment, Ingwer
1 Ei
300 ml kalter schwarzer Tee

Den Tee über die Rosinen, Sultaninen und Korinthen gießen und über Nacht stehenlassen. Den Backofen auf 180° vorheizen. Alle anderen Zutaten der Mischung zufügen und gut umrühren. Eine rechteckige Kuchenform mit gefettetem Backpapier auslegen und mit dem sehr flüssigen Teig füllen. Backzeit ungefähr 1 $^1/_2$ Stunden. Kuchen abkühlen lassen. In Scheiben schneiden und gebuttert servieren.

CÄCILIA

Cäcilia erlitt im Jahre 230 in Rom das Martyrium, um das sich eine der schönsten Heiligenerzählungen rankt. Cäcilia, die sich schon als Kind heimlich mit Jesus Christus verlobt hatte, mußte den Heiden Valerianus heiraten. Als sie diesem in der Hochzeitsnacht ihr Keuschheitsgelübde gestand und von dem Engel erzählte, der sie beschützte, wollte Valerianus den Engel sehen, um ihre Jungfräulichkeit zu respektieren. Das wollte Cäcilia nur erlauben, wenn er sich vom Papst taufen ließe. Valerianus kam dieser Bedingung nach und bekam tatsächlich den Engel zu sehen, worauf er so im Glauben erglühte, daß er seinen Bruder Tiburtius bekehrte. Die Brüder erlitten alsbald das Martyrium. Cäcilia beerdigte die beiden und wurde danach zum Präfekten gebracht und aufgefordert, den Götzen ein Opfer darzubringen. Sie weigerte sich und wurde zur Strafe in einen Kessel mit kochendem Wasser gesetzt. Da das Wasser sie aber nicht verbrühte, sollte sie enthauptet werden. Cäcilia überlebte schwerverwundet drei Versuche des Henkers und verteilte vor ihrem Tode noch ihren Besitz an die Armen.

Darstellungen der hl. Cäcilia findet man in vielen Kirchen, meistens in der Nähe des Chorgestühls oder der Orgel, denn Cäcilia ist die Schutzpatronin der Musiker. 1584 erklärte sie die Akademie für Musik in Rom dazu. Die Verbindung mit der Musik kommt von einer Lebensbeschreibung aus dem achten Jahrhundert, wo es heißt, daß Cäcilia bei ihrer Hochzeitsfeier „in ihrem Herzen nur zu Gott gewandt" Lieder sang. Viele Musiker komponierten besondere Stücke für ihren Festtag am 22. November.

Céciles
MANDELPLÄTZCHEN

100 g Mandeln, geschält und gerieben
100 g Zucker
2 TL Kirschwasser
1 Eiweiß
2 EL Kakao
Eiweißglasur
Speisefarben
2 TL bittere Schokolade, geschmolzen
Mandeln, halbiert zur Dekoration

Die Mandeln, den Zucker und einen Teelöffel des Kirschwassers mit genug Eiweiß vermischen, daß eine geschmeidige Masse entsteht. Masse halbieren. Zu einer der Hälften den Kakao zugeben und gut einarbeiten. Aus jedem Teil mit einem Teelöffel kleine Oliven formen. Die Hälfte der Eiweißglasur mit Speisefarbe grün färben, mit dem übrigen Kirschwasser vermischen und die weißen Oliven darin eintauchen. Die andere Hälfte der Glasur mit der geschmolzenen Schokolade vermischen und die braunen Oliven darin tauchen. Eine längs durchgeschnittene Mandel als Dekoration obenauf legen. Trocknen lassen und wenn gewünscht in kleinen Papierformen servieren.

CHLODWALD

Chlodwald, in Frankreich Cloud oder Clou genannt, war der dritte Sohn des Frankenkönigs Chlodwig und wurde im Jahre 524 geboren. Als sein Vater in einer Schlacht umkam, wurde er von seiner Großmutter, der hl. Clothilde erzogen. Seine machthungrigen Onkel wollten das Königreich für sich und ermordeten die zwei älteren Brüder, aber der achtjährige Chlodwald wurde in die Sicherheit der Provence geschmuggelt. Als er volljährig war, wurde er Einsiedler, ging nach Paris und lebte als Schüler des hl. Severin. Er wurde zum Priester geweiht und hatte bald viele Anhänger. Diese Gruppe zog nach Nogent in die Nähe von Versailles, in einen Ort, der heute St. Cloud heißt. Chlodwald starb dort im Jahre 560 und ist dort beerdigt. Sein Festtag ist der 7. September, der Tag seines Todes. In der Kunst wird er oft als Priester in königlichen Gewändern dargestellt. Wegen eines Wortspiels mit dem Wort *clou* (Nagel) ist er der Schutzpatron der Nagelschmiede.

Kalbsschnitzel à la Saint-Cloud

4 Kalbsschnitzel zu je 125 g
Salz und Pfeffer
1 Trüffel (nach Belieben)
2 EL Butter
4 Scheiben Speck
Soße
3 EL Butter
3 EL Mehl
500 ml Hühnerbrühe
Salz und Pfeffer
2 EL süßer Sherry

Die Kalbsschnitzel dünn klopfen, salzen und pfeffern. Mit Trüffelstücken spicken. In einer Pfanne mit Butter langsam braten, bis das Fleisch schön braun ist. Abkühlen lassen. Die Speckscheiben in der Mitte durchschneiden, 4 Stücke auf den Boden einer feuerfesten Form legen, die Schnitzel auf den Speck, und dann die restlichen Speckstreifen wieder auf die Schnitzel. Für die Soße schmilzt man Butter in der gleichen Pfanne, fügt das Mehl hinzu und kocht es eine Minute. Bei schwacher Hitze die Brühe langsam unter dauerndem Umrühren zufügen. Beim Umrühren die angebräunten Reste in der Pfanne mit abschaben. Mit Salz und Pfeffer abschmecken. Wenn die Soße dick ist, den Sherry dazugießen und gut umrühren. Die Soße über die Schnitzel gießen und 30 Minuten lang im Herd bei 175° backen, bis die Schnitzel weich sind. Gute Beilagen sind Reis oder Kartoffelbrei.

COSTANZO

Costanzo war der erste Bischof von Perugia in Italien. Während der Christenverfolgung durch den Kaiser Marcus Aurelius wurden er und viele Mitglieder seiner Gemeinde wegen ihres Glaubens getötet. Die Legende erzählt, daß er in einem heißen Ofen verbrannt werden sollte, ihm die Flucht gelang und er dann in Foligno enthauptet wurde. Das war im Jahre 178. Costanzos Festtag ist der 29. Januar. Er ist der Patron von Perugia und wird vor allem in Umbrien verehrt. Er war zuerst in der Kathedrale von Perugia beerdigt, aber später wurden seine Reliquien in die Kirche San Costanzo in Perugia übertragen. In der Kunst wird er immer als Bischof dargestellt.

Dieser Kuchen wird in Perugia am Festtag des Heiligen gebacken. Die Kranzform spielt auf sein Martyrium an.

Torcolo di San Costanzo

HEFEKUCHEN

4 EL Zucker
1 EL Trockenhefe
250 ml Wasser, lauwarm
1 EL Olivenöl
2 EL Butterschmalz
1 Prise Salz
1 EL Anis
500 g Mehl
4 EL Pinienkerne
100 g Zitronat und Orangeat gemischt

Zucker und Hefe in das lauwarme Wasser rühren und 10 Minuten stehenlassen. Olivenöl, flüssiges Butterschmalz und Salz dazugeben. Anis feinhacken oder mahlen. Mehl abwiegen und in eine große Schüssel geben, Anis dazu und dann die Hefemischung hineingießen. Umrühren und alles zu einem Teig verarbeiten, der weich aber nicht klebrig sein sollte. Lauwarmes Wasser oder Mehl zufügen wenn nötig. Pinienkerne, Zitronat und Orangeat hineinarbeiten und den Teig ein paar Minuten kneten. Schüssel mit einem Handtuch zudecken, den Teig an einen warmen Platz stellen und ihn so lange stehenlassen, bis sich das Teigvolumen verdoppelt hat. Teig dann kurz kneten und in eine gut gebutterte Kranzform füllen. In der mittleren Schiene des vorgeheizten Herdes bei 175° backen, ungefähr 40 Minuten, bis der Kuchen goldgelb ist. Vor dem Servieren mit Puderzucker bestäuben. Für 8 bis 12 Personen.

DAVID

David oder Dewi wurde ungefähr im Jahre 460 in der Nähe von Cardigan in Wales geboren. Seine genauen Lebensdaten sind sehr umstritten. Der Legende nach war sein Vater Sant König von Südwales und seine Mutter war die hl. Non. David studierte beim hl. Paulinus, bevor er zum Priester geweiht und Mönch wurde. In Menevia gründete er ein Kloster, das den Regeln des hl. Antonius des Großen und der aszetischen Tradition der ägyptischen Klöster ziemlich genau folgte. Er gründete noch mehrere Klöster und hatte so großen Einfluß auf die Entwicklung des Mönchtums in Wales. Er wurde später zum Bischof geweiht und verlegte den Sitz der Diözese nach Menevia. David nahm an der wichtigen Synode von Brevi teil, und der Legende nach flog eine weiße Taube auf seine Schulter, als er eine Rede hielt. David starb ungefähr um 500 und wurde in Menevia, heute St. David, der westlichsten Stadt in Wales, beerdigt. Im zwölften Jahrhundert baute man eine große Kirche über seinem Grab, die das Ziel vieler Pilger wurde. Aus dieser Zeit stammen viele Legenden über den hl. David. In der Kunst wird David meistens als Bischof mit einer weißen Taube auf seiner Schulter dargestellt. Er ist der Schutzpatron von Wales und der einzige Schutzpatron von Großbritannien, der in dem Land beerdigt ist, wo er auch geboren wurde. Sein Festtag ist der 1. März, und an diesem Tag tragen alle Waliser blühenden Lauch anstelle einer Blume am Revers.

Lauchtorte St. David

Teig
250 g Mehl
1 Prise Salz
50 g Butter
50 g Backfett
Eiskaltes Wasser
Füllung
400 g Lauch
30 g Butter
300 ml Milch
2 Eier
50 g milder Käse, gerieben
Pfeffer und Salz

Mehl und Salz in eine Schüssel geben, das in kleine Würfel geschnittene Fett und die Butter hinzugeben. Mit den Fingern das Fett in das Mehl reiben, daß es wie grobe Semmelbrösel aussieht. Mit genug kaltem Wasser bespritzen, daß ein geschmeidiger Teig entsteht. Für 20 Minuten in den Kühlschrank stellen. Die Hälfte des Teiges ausrollen. Den Boden einer Springform von 25 cm Durchmesser mit dem Teig auskleiden und an der Seite einen 5 cm hohen Rand hochziehen. Die Wurzeln und das meiste Grün vom Lauch entfernen, ihn in dünne Scheiben schneiden und gut waschen. Butter in einer Pfanne schmelzen und den Lauch so lange dünsten, bis er weich ist. Abkühlen lassen, dann den lauwarmen Lauch in die Tortenform geben. Milch und Ei vermischen und mit Salz und Pfeffer gut würzen. Mischung über den Lauch gießen und mit dem geriebenen Käse bestreuen. Aus dem übrigen Teig einen Deckel für die Torte ausrollen, darauf setzen und die Ränder gut verschließen. Torte im vorgeheizten Ofen bei 200° 40 Minuten lang backen, bis sie schön goldgelb ist. Heiß servieren. Paßt gut zum Braten. Als Beilage genug für 6 Personen.

DIONYSIUS

Dionysius oder Denis, wie er in Frankreich heißt, war Italiener und wurde im Jahre 250 mit sechs anderen Missionsbischöfen nach Frankreich geschickt, um die Gallier zu bekehren. Er war sehr erfolgreich bei dieser Aufgabe, ließ sich auf einer Insel in der Seine nieder und wurde der erste Bischof von Paris. In der Christenverfolgung des Kaisers Decius um 258 wurden er und seine Gefährten enthauptet und ihre Leichname in die Seine geworfen. Sie wurden gefunden und von einer christlichen Frau, Catulla, beerdigt. Eine Kapelle wurde über dem Grab gebaut, aus der später das große Kloster St. Denis mit seiner Kirche entstand, in der die französischen Könige beigesetzt wurden. Es gibt viele Legenden über Dionysius, weil er im achten Jahrhundert mit einem anderen Dionysius verwechselt wurde. Diese Verwirrung wurde von der „Goldenen Legende" nur bestärkt. Dionysius, einer der Vierzehn Nothelfer, ist der Patron von Paris und Nationalheilige von Frankreich, sein Festtag ist der 9. Oktober. In der Kunst wird er meistens als Bischof dargestellt, oft während seines Martyriums. Eine häufige Darstellung zeigt ihn mit seinem Kopf unter dem Arm.

Wahrscheinlich das älteste Rezept in diesem Buch, es stammt aus einem Kochbuch von 1747.

Talmouses de Saint-Denis

TEIGTASCHEN

200 g Frischkäse
2 Eier
1 EL Mehl
Salz und Pfeffer
500 g Blätterteig

Den Käse, ein Ei und Mehl mischen und mit Salz und Pfeffer gut würzen. Den Blätterteig ungefähr 5 mm dick ausrollen. Etwa 8 cm große Kreise oder Quadrate ausstechen. Einen oder zwei Teelöffel der Käsemischung in die Mitte geben, die Ekken mit Wasser oder Eiweiß bestreichen, und den Teig über die Mischung falten und leicht andrücken. Das andere Ei leicht verquirlen. Die Taschen auf ein Blech übertragen, mit dem Ei bestreichen und bei 200° goldgelb backen. Ergibt ungefähr 20 Taschen, die gut zu Wein oder Bier schmecken.

DOMINIKUS

Dominikus Guzmán wurde um 1170 in Caleruega in Spanien aus einer Adelsfamilie geboren. Er wurde von seinem Onkel, einem Priester, erzogen, studierte in Palencia, wurde zum Priester geweiht und schloß sich den Augustinern an. Auf einer Reise nach Rom lernte er in Begleitung des Bischofs Diego von Azevedo die Irrlehren der Waldenser und Albigenser im Süden Frankreichs kennen. Statt als Missionar nach Rußland zu gehen, bekam er den Auftrag, die Irrlehre der Albigenser zu bekämpfen. Bei dieser Aufgabe war er sehr erfolgreich, und mit der Hilfe des Bischofs Diego gründete er ein Haus für bekehrte Frauen. Aus dieser Gründung entwickelte sich später der zweite Dominikanerorden. Dominikus war ein erfolgreicher Prediger und zog einige Gefährten an, mit denen er nach der Regel des hl. Augustinus lebte; 1215 beantragte er in Rom eine Ordensgründung mit den Grundsätzen der Armut und des Studiums. Die endgültige Genehmigung für den Orden erteilte Papst Honorius III. Ende 1216. Die Dominikaner waren die ersten Mönche, die sich auf das Predigen konzentrierten, daher auch „Predigerorden". Dominikus war ein ausgezeichneter Organisator und erlebte noch die schnelle Verbreitung seines Ordens. Er starb im Jahre 1221 in Bologna, wo er auch beerdigt ist. Papst Gregor IX. sprach ihn 1234 heilig, sein Festtag ist der 8. August. Dominikus wird meistens in seiner Ordenstracht dargestellt, oft mit dem Rosenkranz, manchmal mit einem kleinen, schwarz-weißen Hund zu seinen Füßen. Dies geht auf ein Wortspiel über die Dominikaner zurück: *domini canis* (Hunde des Herrn).

Hase San Domenico

1 kg Hase
3 Artischocken, mittelgroß
1 Zitrone
6 EL Olivenöl
1 Zwiebel, mittelgroß
100 g Oliven, schwarz
1 Zweig Majoran
6 Salbeiblätter
Salz und Pfeffer
125 ml Weißwein, trocken
Hühnerbrühe
1 EL Tomatenmark
1 EL Petersilie, gehackt

Den Hasen waschen und in mittelgroße Stücke schneiden. Die Böden der Artischocken entfernen und vierteln. Den Saft der Zitrone in eine Schüssel ausdrücken, etwas Wasser zugießen und die Böden hineinlegen, damit sie sich nicht verfärben. Artischocken aus der Dose können auch verwendet werden. Die gehackte Zwiebel mit dem Öl in einer Pfanne braten. Die Hasenstücke, Oliven, Majoran, Salbei, Salz, Pfeffer, Wein und etwas Brühe hinzugeben. Gut umrühren, Pfanne zudecken und 45 Minuten bis eine Stunde leicht kochen. Wenn nötig mehr Brühe zufügen. Artischocken, Tomatenmark und Petersilie untermischen, noch 15 Minuten kochen lassen und dann servieren. Für 4 Personen.

ELISABETH

Elisabeth von Thüringen wurde 1207 als Kind des ungarischen Königs Andreas II. geboren und mit vier Jahren Ludwig, dem Sohn des Landgrafen von Thüringen, versprochen. Als Ludwig IV. Landgraf wurde und Elisabeth 14 Jahre alt war, wurden sie vermählt. Die Ehe war sehr glücklich; drei Kinder entsprangen ihr. Elisabeth war mit der Erlaubnis ihres Mannes den Armen gegenüber sehr großzügig, gab viel Geld aus, um den Armen und Kranken zu helfen und Krankenhäuser zu gründen. Nach dem frühen Tod ihres Mannes durch die Pest bei der Kreuzfahrt im Jahre 1227 wurde sie als „Verschwenderin“ von ihrem Schwager vom Hof vertrieben. Sie zog sich als Mitglied des Dritten Ordens der Franziskaner nach Marburg zurück und gründete dort ein Hospital. Sie verbrachte den Rest ihres Lebens damit, den Armen zu helfen und niedere Arbeiten auszuführen. Elisabeth starb 1231 im Alter von 24 Jahren in Marburg und wurde dort beerdigt. 1235 wurde sie von Papst Gregor IX heiliggesprochen, und ihr Grab wurde das Ziel vieler Gläubiger. Im 16. Jahrhundert wurden ihre Reliquien vom protestantischen Landgrafen Philipp von Hessen an einen unbekannten Ort übertragen. In der Kunst wird sie meistens mit einer Krone dargestellt, wie sie Almosen an die Armen verteilt, oder mit einem Rosenkorb. Elisabeth ist die Patronin des Dritten Ordens der Franziskaner, der Bettler, Waisen und Witwen. Ihr Festtag ist der 19. November.

Elisenlebkuchen

5 Eier
500 g Zucker
2 TL Zimt
1/2 TL Nelken
1 Prise Kardamom
1 Prise Muskatblüte
2 Zitronen
100 g Zitronat
100 g Orangeat
500–600 g Mandeln, geschält und fein gerieben
Runde Oblaten

Mit dem Rührgerät Eier und Zucker schaumig rühren, bis es blaßgelb und cremig ist. Gewürze, die geriebenen Zitronenschalen, den Saft einer halben Zitrone und das fein gewiegte Zitronat und Orangeat einrühren. Zum Schluß die Mandeln dazugeben und es zu einem streichfähigen Teig verarbeiten. Bei großen Eiern sind mehr Mandeln notwendig. Den Teig ungefähr 1 cm dick auf die Oblaten streichen, ein paar Stunden stehenlassen und im Herd bei 160° langsam backen. Nach Belieben können diese Lebkuchen glasiert werden. Zitronensaft mit Puderzucker mischen und damit die abgekühlten Lebkuchen glasieren.

EMILIANUS

Emilianus oder Émilion wurde in Vannes in Frankreich geboren und wurde Benediktiner in der Abtei von Saujon. Später zog er sich als Einsiedler in den Wald von Combes in der Nähe von Bordeaux zurück. Er starb im Jahre 767, sein Festtag ist der 7. Januar. Diese Tatsachen sind alles, was wir über sein Leben wissen, aber viele Weinliebhaber sind mit St. Émilion vertraut, wegen des berühmten Bordeaux, der nach ihm benannt ist.

Die Makronen haben ihren Namen vom Wein, der traditionell verwendet wird.

Macarons de Saint-Émilion

MAKRONEN

200 g Mandeln, fein gemahlen
200 g Puderzucker
6 EL Weißwein, süß
1 Tropfen Vanillinessenz
2 Eiweiß
1 EL Puderzucker zum Bestreuen

Herd auf 175° vorheizen. Die Mandeln mit dem Puderzucker, Weißwein und Vanille mischen. Das Eiweiß steif schlagen und dann die Mandelmischung unterziehen. In einen Topf geben und bei schwacher Hitze umrühren, bis der Teig etwas abtrocknet. Abkühlen lassen. Danach den Teig mit einem Teelöffel auf ein gut gefettetes Blech setzen und mit Puderzucker bestreuen. Auf einer unteren Schiene im Herd backen, bis der Rand der Makronen leicht braun wird.

FELIX

Die katholische Kirche kennt 66 Heilige mit dem Namen Felix, die zeitlich zwischen dem ersten und dem 16. Jahrhundert zu finden sind. Geographisch sind sie über ganz Europa und Nordafrika verteilt, und es gibt selbst einige Päpste in der Liste. Unser Felix, der meistens mit dem hl. Adauctus dargestellt wird, war ein römischer Priester im dritten Jahrhundert und sollte während der Christenverfolgung des Kaisers Diokletian gezwungen werden, seinen Glauben aufzugeben. Felix weigerte sich, wurde gefoltert und zum Tode durch das Schwert verurteilt. Als er zur Hinrichtungsstelle transportiert wurde, rief ein Zuschauer aus, daß er auch Christ sei. Er wurde ergriffen und mit Felix hingerichtet. Da der Name des Fremden nicht bekannt war, wurde er *Adauctus*, der Hinzugekommene, genannt. Dies geschah im Jahre 304, und beide wurden an der Via Ostia beerdigt. Später wurde eine Kirche über ihrem Grab errichtet, vergessen und im Jahre 1905 wiederentdeckt. Felix und Adauctus finden sich schon in den frühesten Heiligenlisten. In der Kunst sieht man Felix als Priester zusammen mit Adauctus dargestellt. Der Festtag der beiden ist der 30. August.

Diese spanischen Windbeutel bekommen ihren Geschmack vom Anislikör. Im ganzen Mittelmeerraum findet man solche Windbeutel mit verschiedenen Gewürzen.

Buñuelos de San Feliu

WINDBEUTEL

250 ml Milch oder Wasser
5 EL Butter
2 EL Zucker
1 Prise Salz
125 g Mehl
4 Eier
1 EL Anislikör
Öl zum Ausbacken
Puderzucker

Milch, Butter, Zucker und Salz in einem schweren Topf fast zum Kochen bringen. Bei schwacher Hitze das ganze Mehl auf einmal einrühren, so lange, bis alles ein glatter Teigball wird. Vom Herd nehmen und mit dem Rührgerät die Eier nacheinander hineinschlagen, bis der Teig abgekühlt ist, dann den Likör gut hineinmischen. Mangels Anislikör tut es auch Weinbrand mit einem Teelöffel fein gemahlenem Anis. Öl auf 175° erhitzen und den Teig teelöffelweise in das Öl tropfen lassen. Wenn die Windbeutel goldgelb sind, mit dem Schaumlöffel entfernen, abtropfen lassen und mit Puderzucker bestäuben. Noch warm servieren. Die Teigmenge ergibt etwa 24 Windbeutel.

FLORENTINUS

Florentinus von Saumur: Es gibt viele Heilige mit ähnlichem Namen, und es ist nicht einfach, die Verbindung zwischen ihnen und den nach ihnen benannten Rezepten herzustellen. Unser Florentinus war ein Bayer und wurde Anhänger des hl. Martin von Tours, der ihn zum Priester weihte und in die Gegend von Poitiers als Missionar schickte. Nach Beendigung dieser Aufgabe zog er sich als Einsiedler auf den Mont Glonne in der Diözese Angers zurück. Als sich ihm viele Gleichgesinnte anschlossen, gründete er ein Kloster in Florent-le-Vieux, wo er in sehr hohem Alter starb und auch beerdigt wurde. Viele Wunder wurden ihm zugeschrieben. Seine seltenen Darstellungen zeigen ihn als Mönch, wie in diesem Fresko aus der Kirche St. Martin in Tours. Sein Festtag ist der 29. September.

Rezepte mit Spinat heißen oft „Florentiner Art“. Die Verbindung mit dem Heiligen ist wohl ein Fehler, für einen Fehler schmeckt es aber sehr gut.

Kalbfleischklößchen Saint-Florentine

Klößchen
500 g Kalbhackfleisch
2 EL Butter
60 g Mehl
125 ml Brühe
1 Ei
Salz und Pfeffer
2 Eier
100 g Semmelbrösel zum Panieren
Spinatpüree
500 g Spinat
3 EL Wasser
2 EL Butter
Tomatensoße
1 Zwiebel, klein, fein gehackt
1 EL Butter
2 EL Speck, fein gehackt
1 l Rotwein, trocken
Salz und Pfeffer

Für die Klößchen das Hackfleisch mit dem Mixer geschmeidig machen. Die Butter in einem Topf schmelzen lassen, das Mehl hinzufügen und etwas kochen.

Die Brühe hinzufügen und unter ständigem Umrühren kochen, bis die Mischung dick und geschmeidig ist. Abkühlen lassen. Das Hackfleisch und das Ei gut darunter - mischen, mit Salz und Pfeffer abschmekken. Die zwei Eier leicht schlagen. Mit zwei Suppenlöffeln aus der Fleischmasse kleine eiförmige Klößchen formen, im geschlagenen Ei und dann in den Semmelbröseln rollen und in der Pfanne braten, bis sie goldgelb sind. Warm halten.

Für die Soße in einem Topf die Zwiebel mit dem Speck und der Butter so lange dünsten, bis die Zwiebel glasig ist. Die Tomaten grob hacken, mit dem Wein in den Topf geben und 10 Minuten leicht kochen lassen. Mit Salz und Pfeffer abschmecken. Wenn die Soße glatt sein soll, kann die Mischung durch ein Sieb gestrichen werden. In einem Topf den Spinat mit dem Wasser und der Butter so lange kochen, bis der Spinat weich ist. Flüssigkeit abgießen, Spinat grob hacken, im Topf warm halten. Vor dem Servieren auf jeden Teller einige Löffel Spinat aufhäufen, die Klößchen darauf legen und die Tomatensoße außen herum gießen. Für 4 Personen.

FLORUS

Florus oder Flour, wie er in Frankreich heißt, ist ein Heiliger, von dem wir sehr wenig wissen. Er war ein Missionar aus Gallien oder Italien, der im Süden Frankreichs tätig war und zum ersten Bischof von Lodève im Languedoc wurde. Er verbreitete das Evangelium in der Gegend, und als er im Jahre 389 starb, entwickelte sich eine kleine christliche Gemeinde dort, wo er beerdigt wurde. Dieser Ort heißt heute Saint-Flour, und die Kathedrale St. Pierre birgt seine Reliquien. Im zwölften Jahrhundert wurde ein Kloster gebaut, und im 13. Jahrhundert wurde Saint-Flour Sitz einer neuen Diözese. Der Festtag von Florus ist der 3. November. Darstellungen in der Kunst sind selten und schwer zu finden.

Omelette à la Saint-Flour

Tomatensoße
1 Zwiebel, klein
2 EL Speck, gehackt
1 EL Butter
500 ml Tomaten, aus der Dose
Salz und Pfeffer
Füllung
1 EL Butter
125 g Weißkohl, fein geschnitten
1 Prise Salz
Omelett
1 Zwiebel, klein
2 Scheiben Speck
1 EL Schweinefett
4 Eier

Für die Soße in einem Topf die Zwiebel mit dem Speck und der Butter so lange dünsten, bis die Zwiebel glasig ist. Die Tomaten grob hacken, mit dem Wein in den Topf geben und 10 Minuten leicht kochen lassen. Mit Salz und Pfeffer abschmecken.

Für die Füllung Butter in einem kleinen Topf schmelzen, den Weißkohl hinzugeben und zwei Minuten andünsten. Salz dazugeben, zudecken und noch 4 Minuten bei schwacher Hitze dünsten.

Für das Omelett Zwiebel dünn schneiden, Speck in kleine Stücke schneiden und eine Minute in heißem Wasser blanchieren. Zwiebel und Speck im Fett schön bräunen. Die Eier leicht schlagen und Speck und Zwiebel daruntermischen. Zwei Omeletts aus dieser Mischung in der Pfanne braten. Ein Omelett auf einen Teller legen, den gedünsteten Weißkohl darauf und mit dem anderen Omelett bedecken, mit der Soße umgeben und mit frischem Weißbrot servieren. Reicht für 2 Personen.

FORTUNATUS

Venantius Fortunatus wurde um 535 in der Nähe von Treviso geboren und in Ravenna erzogen. Als Wanderpoet zog er durch Europa und landete um 567 in Poitiers, wo ihn bald eine enge Freundschaft mit Radegundis, der Witwe König Chlotars, verband. 20 Jahre blieb er am Hofe. Ungefähr im Jahre 600 wurde er Bischof von Poitiers. Er starb dort im Jahre 605. Venantius Fortunatus gilt als bedeutendster Dichter seiner Zeit, der nicht nur religiöse Themen behandelte, sondern auch weltliche Themen, wie das Leben am Hof oder das Kochen. Er schrieb viele bekannte lateinische Hymnen, die in die Liturgie eingingen. Vermutlich wegen seiner Beschreibungen des Kochens wurde er zum Schutzpatron der Köche. Im deutschsprachigen Raum gibt es einen „Orden Sankt Fortunat", der sich der Kultur und dem guten Essen widmet. In der Kunst gibt es nicht viele Darstellungen von ihm, die bekannteste ist im Rathaus von Poitiers. Sein Festtag ist der 14. Dezember.

Spanferkel Saint-Fortunat

1 Spanferkel, ca. 8–12 kg, mit der Leber
375 ml Hühner- oder Kalbsbrühe
150 g Gerste
4 EL Butter
36 Eßkastanien
250 g Chipolatas, sonst Bratwurst
2 EL frisch gehackter Thymian, Petersilie, Rosmarin
Salz
4 EL Weinbrand
4 EL Olivenöl
500 ml Hühner- oder Kalbsbrühe

Die Gerste in der Brühe leicht kochen, bis die Körner weich sind, aber nicht breiig, ungefähr 45 Minuten. Im Sieb abtropfen lassen. Spanferkel gründlich waschen. Die Leber in 2 cm große Würfel schneiden und in der Hälfte der Butter leicht anbraten. In einer Pfanne mit dichtem Deckel die Kastanien im Rest der Butter andünsten. Chipolatas kochen. Wenn Bratwurst verwendet wird, in ca. 5 cm große Stücke schneiden. Die Innenseite des Ferkels mit Weinbrand anfeuchten und dann mit Salz einreiben. Leber, Kastanien, Gerste, Chipolatas und die frischen Kräuter gut durchmischen, das Spanferkel damit füllen und die Bauchschwarte zusammennähen. Das Ferkel in eine große Pfanne legen, mit Öl bestreichenund bei 175° backen. Während des Garens öfters mit Öl bepinseln, damit die Haut schön knusprig wird. Nach der Hälfte der Kochzeit – man rechnet 40 Minuten pro kg – kann das Spanferkel vorsichtig umgedreht werden. Die Fleischtemperatur am dicksten Teil des Ferkels soll 75° betragen, die Außenseite soll schön braun und knusprig sein. Wenn das Spanferkel fertig ist, wird es auf eine Servierplatte gelegt und dekoriert. Die Brühe zum Saft in die Pfanne gießen, ein paar Minuten aufkochen und separat servieren. Als Beilage paßt saurer Apfelbrei oder Johannisbeergelee im Verhältnis von 2:1 mit Meerrettich gemischt. Falls das Spanferkel zu groß für den Herd ist, kann man es vom Metzger in der Mitte durchschneiden lassen. Vor dem Servieren kann es wieder zusammengesetzt und der Schnitt mit Früchten kaschiert werden. Pro Person rechnet man mit einem halben Pfund.

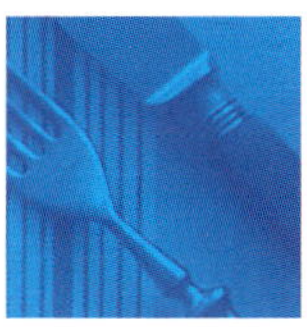

Dieses Rezept, eine Schöpfung zu Ehren des Schutzpatrons der Köche, stammt von Auguste Escoffier (1847–1921), dem „König der Köche und Koch der Könige", der in den berühmtesten Hotels Europas wirkte. Die Füllung des Spanferkels ist ungewöhnlich, trotzdem ist dieses Gericht ziemlich einfach zu kochen und kann je nach Spanferkelgröße viele Personen satt machen. Das Resultat ist spektakulär und die Gäste werden es schätzen.

FRANZ VON ASSISI

Franz von Assisi, 1181 geboren und auf den Namen Giovanni getauft, war der Sohn eines reichen Kaufmanns, der seinem Kind nach einer Frankreichreise den Namen Francesco, „Französlein", gab. Mit 20 Jahren geriet der lebenslustige Franz während des Städtekriegs zwischen Assisi und Perugia in Gefangenschaft und erkrankte schwer. Nach Wiedererlangung seiner Freiheit und Gesundheit wollte er sein Leben ändern. Als er in der halbverfallenen Kirche von San Damiano betete, forderte ihn Christus vom Kreuz herab auf, die Kirche wiederherzustellen. Franz verkaufte zu diesem Zweck einige Stoffe seines Vaters, und als der Vater ihn deswegen enterbte, gab ihm Franz auch seine Kleider zurück. Im Jahre 1209 vernahm er im Evangelium den Ruf zur Armut, und er gab noch seine Schuhe weg, zog sich eine Kutte an und ging als Bettler auf Wanderschaft. Einige Gleichgesinnte schlossen sich Franz an, und als sie zu zwölft waren, führte Franz sie nach Rom. Innozenz III. genehmigte 1210 den neuen Orden, und die Ausbreitung der Franziskaner begann. Franz predigte in ganz Italien, ging zur Mission nach Nordafrika, mußte aber krank zurückkehren. Während des fünften Kreuzzuges versuchte er vergeblich, den Sultan zu bekehren. Nach einer Pilgerreise ins Heilige Land kehrte er nach Italien zurück. Franz gründete noch für Laien und Verheiratete den sogenannten Dritten Orden und zog sich in die Einsiedelei von La Verna zurück, wo er am 24. September 1224 die Wundmale (Stigmata) Jesu Christi empfing. Krankheit und Blindheit plagten ihn in seinen letzten Lebensjahren, und er starb 1226. Papst Gregor IX. sprach ihn 1228 heilig, seine Reliquien befinden sich in der Basilika San Francesco in Assisi. Er ist Schutzpatron von Italien, des Bistums Basel, der Kaufleute, des Umweltschutzes, der Sozialarbeiter und der Tiere. Sein Festtag ist der 4. Oktober.

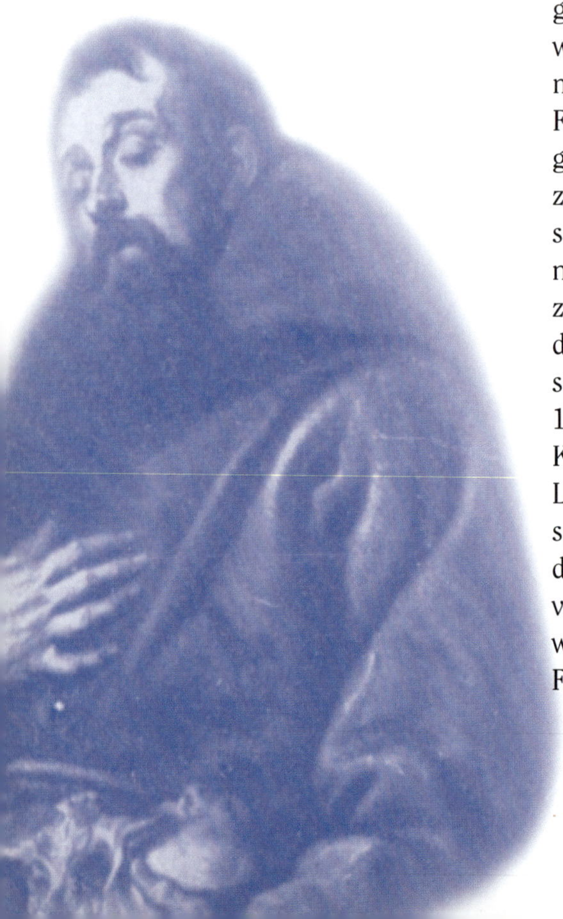

Puños de San Francisco

CREMESCHNITTEN

Teig
150 g Zucker
4 Eier
125 g Mehl
Füllung
500 ml Milch
1 Zimtstange
1 Zitrone
7 EL Mehl
125 g Zucker
1 Ei
3 Eigelb
Puderzucker

Zucker und Eier mit dem Rührgerät so lange rühren, bis die Mischung locker und flaumig ist. Mehl darauf sieben und gut mischen, bis der Teig keine Klumpen mehr hat. Ein Backblech mit gut gebuttertem Backpapier auslegen, die Ränder nach oben biegen. Den Teig auf das Papier gießen und gleichmäßig verteilen. In der Mittelschiene des Herdes bei 190° fünf Minuten lang goldgelb backen. 45 Minuten abkühlen lassen.

In der Zwischenzeit wird die Füllung hergestellt. Milch in einem Topf mit der Zimtstange und einem Streifen Zitronenschale erhitzen, langsam zum Kochen bringen (aufpassen, daß die Milch am Boden nicht anbrennt). In einer Schüssel Mehl und Zucker mischen, Ei und die drei Eigelbe hinzufügen und gut vermischen. Unter ständigem Rühren langsam die heiße Milch dazugeben. Die Mischung in den Topf zurückgießen und bei schwacher Hitze und dauerndem Umrühren zum Kochen bringen. Wenn sich die Mischung verdickt hat und wie ein Pudding aussieht, den Topf vom Herd nehmen, in kaltes Wasser stellen und die Füllung abkühlen lassen. Damit sich keine Haut bildet, muß man oft umrühren. Den Teig längs durchschneiden und das Papier entfernen. Wenn die Füllung lauwarm ist, wird sie auf der unteren Hälfte des Kuchens gleichmäßig verteilt. Der andere Teil des Kuchens wird dann obenauf gelegt. Vor dem Schneiden muß alles sehr kühl sein, am besten eine Zeitlang in den Kühlschrank stellen.
Die Puños werden mit einem sehr scharfen Messer als kleine Rechtecke (5 x 10 cm) ausgeschnitten. Vor dem Servieren mit Puderzucker bestäuben.

FRANZ RÉGIS

Johannes Franz Régis wurde am 31. Januar 1597 in Fontcouverte in Frankreich als Sohn eine reichen Kaufmanns geboren. Er studierte an der Jesuitenschule in Béziers, wurde 1615 Jesuit und 1631 zum Priester geweiht. Als Missionar im Südosten Frankreichs wurde er wegen seiner überzeugenden Predigten bald bekannt und organisierte einen Hilfsdienst, um den Armen, Verlassenen und Kranken zu helfen. Er gründete eine Zufluchtsstelle für arme Mädchen und Prostituierte und legte mit Hilfe von Spenden einen Getreidespeicher für die Armen an. Vermutlich wegen seiner großen Erfolge als Volksmissionar in der Gegend um Le Puy wurde ihm nicht gestattet, die Indianer in Kanada zu missionieren, was Franz Régis als Strafe für seine Sünden interpretierte, worauf er noch eifriger wirkte. Er besuchte bei jedem Wetter selbst die abgelegensten Orte und setzte seine Gesundheit mehr und mehr aufs Spiel. Am 31. Dezember 1640 – der heute sein Festtag ist – starb er in La Louvesc, wo er auch begraben ist. Sein Grab wurde zum Zentrum vieler Pilgerreisen, und viele Wunder wurden aufgezeichnet. Mit großem Recht ist Franz Régis der Patron der Sozialarbeiter und der unehelichen Kinder. In der Kunst wird er oft als Volksmissionar dargestellt, oder wie er den Kranken und Armen hilft.

Ein englisches Rezept für einen gesunden Salat mit ungewöhnlichen Zutaten.

Salat Sankt Regis

Gemüse und Früchte
250 g Kartoffeln, gewürfelt
250 g Spargelspitzen
250 g Ananas, am besten frisch, grob gewürfelt
250 g Grapefruit, große Stücke
250 g Stangensellerie, in dicke Stücke geschnitten
Dressing
4 EL Essig
150 ml Olivenöl
4 EL süßer Rahm
Salz und Pfeffer

Die gewürfelten Kartoffeln weich kochen, aber nicht so, daß sie auseinanderfallen. Die Spargelspitzen 3 Minuten in heißem Salzwasser blanchieren. Alle Zutaten gut mischen.

Für die Soße alle Zutaten in ein Marmeladenglas geben, Salz und Pfeffer hinzufügen. Glas verschließen und gut schütteln. Über den Salat gießen und servieren.
Für 6 bis 8 Personen.

FRANZ XAVER

Franz Xaver wurde 1506 in Navarra geboren. Der junge Adelige studierte Theologie in Paris, wo er mit 27 Jahren Ignatius von Loyola traf und sich ihm anschloß. Er wurde 1537 zum Priester geweiht und half bei der Verfassung der Ordenssatzung der Gesellschaft Jesu. Im Jahre 1541 wurde er im Auftrag des Papstes und des portugiesischen Königs zur Mission nach Indien geschickt, wo er in Goa landete und viele Heiden bekehrte. Franz Xaver reiste über ganz Südostasien, um das Wort Gottes zu verbreiten, und gelangte 1549 nach Japan, wo er eine kleine christliche Gemeinde gründen konnte. Seine Briefe über seine Missionen wurden gedruckt und lösten eine Welle der Nachahmung aus. Im Jahre 1552 wollte er nach China, erhielt aber keine Genehmigung, das Land zu betreten. Er starb vor China auf einer kleinen Insel in der Gesellschaft eines einzigen Begleiters. Seine Leiche wurde nach Goa überführt, 1622 wurde er mit seinem Freund Ignatius durch Papst Gregor XV. heiliggesprochen. Franz Xaver wird vor allem in Österreich und Bayern sehr verehrt. Er ist der Schutzpatron der katholischen Missionen und der Patron Indiens. Sein Festtag ist der 3. Dezember.

Xaver-Suppe

200 g Mehl
125 ml Rahm
125 g Butter
75 g Parmesan, gerieben
1/2 TL Salz
1/2 TL weißer Pfeffer
1 Prise Muskat
2 Eier
2 Eigelb
1 EL Petersilie, gehackt (für den Teig)
3 l Hühnerbrühe
2 EL Kerbel, gehackt
2 EL Petersilie, gehackt (für die Suppe)

In einem Topf verarbeitet man Mehl, Rahm, Butter und Parmesankäse bei schwacher Hitze zu einem festen Teig. Dann werden Salz, Pfeffer, Muskat, Eier, Eigelb und der Eßlöffel Petersilie darunter gemischt. Den Teig in eine Spritztüte füllen und auf ein gefettetes Blech erbsengroße Bällchen spritzen. Eine halbe Stunde stehenlassen. In der Zwischenzeit einen Topf mit Salzwasser zum Kochen bringen, dann die Teigerbsen darin 5 Minuten kochen lassen. Mit dem Schaumlöffel entfernen und in die warme Hühnerbrühe legen. Suppe mit Pfeffer und Salz abschmecken und mit den frischen Kräutern bestreuen und servieren.

GEORG

Georg ist ein sehr beliebter Heiliger, obwohl wir von seinem Leben wenig wissen. Mit Sicherheit kann nur gesagt werden, daß er ein Offizier im Heer des Kaisers Diokletian war und ein Götzenopfer darbringen sollte, was er verweigerte. Er wurde gefoltert und enthauptet. Dies geschah ungefähr im Jahre 305 in Kappadozien. Die Verehrung Georgs ist sehr alt und findet sich in vielen frühen Martyrologien. Durch die „Goldene Legende“ wurde besonders die Geschichte verbreitet, in der Georg einen Drachen tötet und eine Königstochter befreit. Georg auf dem Pferd mit dem Drachen kämpfend ist das Bild, das alle kennen. In der Kirche ist der Drachen das Symbol für den Teufel, und der Sieg Georgs über den Teufel ist ein Zeichen seines Martyriums. Im Mittelalter war Georg ein beliebter Heiliger, der für die Ideale des christlichen Rittertums stand. Aus diesem Grund war Georg der Schutzpatron der Ordensritter und Kreuzfahrer. Nach ihm ist Georgien benannt. Er ist Patron von England, Portugal, Venedig und Genua, Schutzpatron der Bauern und Soldaten. Er ist einer der Vierzehn Nothelfer. Sein Festtag ist der 23. April.

Dieses traditionell mit dem hl. Georg verbundene Kuchenrezept habe ich von einer Angestellten der griechischen Botschaft in London.

Melachrino

GRIECHISCHER GEORGSKUCHEN

Kuchen
200 g Butter
350 g Zucker
5 Eier
400 g Grieß
200 g Mehl
2 TL Backpulver
2 TL Natriumbikarbonat
2 TL Zimt
2 TL Nelken
250 g Nüsse, fein gehackt
Sirup
1 Orange
1 Zitrone
500 g Zucker
1 l Wasser
2 EL Weinbrand
1 Zimtstange

Eier trennen und das Eiweiß schnittfest schlagen. Die auf Zimmertemperatur gewärmte Butter mit dem Rührgerät leicht schaumig schlagen, Zucker dazugeben und weiter schlagen, bis die Mischung locker und glatt ist. Die Eigelbe nacheinander in die Butter-Zucker-Mischung einrühren. Dann kommen Mehl, Grieß, Gewürze, Nüsse, Backpulver und Natriumbikarbonat dazu. Gut mischen. Den Eischnee vorsichtig darunterheben. Der Teig wird dann in eine gut gebutterte und bemehlte runde Kuchenform von 25 cm Durchmesser gegossen und im Herd bei 190° ungefähr 50 Minuten gebacken. Der Kuchen soll fest sein, aber nicht hart, wenn man die Oberfläche drückt. Kuchen 10 Minuten abkühlen lassen und auf eine Servierplatte mit einem hohen Rand legen. Für den Sirup reibt man die Hälfte der Orangenschale und drückt 2 Teelöffel Zitronensaft aus. In einem Topf bringt man Wasser und Zucker zum Kochen, fügt alle anderen Zutaten dazu und kocht es bei schwacher Hitze 20 bis 30 Minuten, bis der Sirup auf zwei Drittel reduziert ist. Zimtstange entfernen und den warmen Sirup über den Kuchen gießen, ein paar Minuten den Sirup durchdringen lassen und dann servieren.

GERMANUS

Germanus wurde um 378 im französischen Auxerre geboren. Er kam aus einer vornehmen Familie und wurde Rechtsanwalt. In Rom setzte er seine Studien fort und heiratete eine angesehene Römerin. Er machte so großen Eindruck, daß er zum Präfekten seiner Heimatprovinz ernannt wurde. Nach einiger Zeit trat er zum Christentum über, wurde Priester und 418 Bischof von Auxerre. Nach seiner Bischofsweihe änderte Germanus seinen Lebensstil, lebte in Armut und Einfachkeit und errichtete viele Klöster und Kirchen. 429 wurde Germanus von den britischen Bischöfen gebeten, bei ihnen den Götzendienst und die Irrlehre des Pelagianismus zu bekämpfen. Diese Mission führte er erfolgreich aus. Auf dieser Reise ereignete sich der „Halleluja-Sieg“: Ein Trupp englischer Soldaten wurde durch seine Hilfe vor marodierenden Sachsen und Pikten gerettet. Nach seiner Rückkehr bewog er den Statthalter von Auxerre, die Steuern zu reduzieren, dadurch, daß er dessen Gemahlin von einer Krankheit heilte. Im Jahre 440 kehrte er nach England zurück, wo er viele Schulen gründete, um gegen die Irrlehren den rechten Glauben zu unterrichten. Nach seiner Rückkehr nach Frankreich versuchte er sich als Vermittler zwischen den aufständischen Einheimischen und dem römischen General, der den Aufstand unterdrücken sollte. Der 70jährige Germanus überquerte die Alpen, um bei Kaiser Valentinianus III. für die Einheimischen um Gnade zu bitten. Das mißlang wegen der Nachrichten von einem weiteren Aufstand. Germanus starb 448 in Ravenna. Seinem letzten Willen gemäß wurde er in Auxerre beerdigt, wo seine Reliquien während der Französischen Revolution zerstört wurden. Er ist einer der bedeutendsten Heiligen Frankreichs. In der Kunst wird Germanus immer als Bischof dargestellt. Sein Festtag ist der 31. Juli.

Eine sehr bekannte französische Suppe, die nach einem berühmten Feinschmecker benannt ist, dem Grafen von Saint-Germain.

Suppe Saint-Germain

250 g Zwiebeln oder Schalotten
100 g Salat
50 g Butter
500 g Erbsen, frisch oder gefroren
2 TL Pfefferminze, frisch, gehackt
Salz und Pfeffer
50 g Erbsen, klein
Geschlagene Sahne

Zwiebeln schälen und in dünne Scheiben schneiden. Salat grob schneiden. Die Butter in einem Topf schmelzen und darin die Zwiebeln kochen, bis sie glasig werden. Salat und 300 ml Wasser hinzufügen und zugedeckt 40 Minuten leicht kochen. Mischung pürieren. In eine Schüssel geben und auf die Seite stellen. Die Erbsen in den gleichen Topf geben und mit 300 ml kaltem Wasser so schnell wie möglich zum Kochen bringen Wenn es kocht, sofort vom Herd nehmen und die Erbsen mit der Pfefferminze pürieren. Wenn die Erbsen zu lange gekocht werden, geht die schöne grüne Farbe verloren. Erbsen und pürierten Salat in einen Topf gießen, gut umrühren und mit Salz und Pfeffer abschmecken. Vorsichtig erhitzen, die kleinen Erbsen zufügen und mit einem Eßlöffel Schlagsahne servieren. Für 6 Personen.

Püree Saint-Germain

1 kg frische neue Erbsen
200 g Salat
125 g Butter
4 EL Hühnerbrühe
12 kleine Frühlingszwiebeln
1 TL Zucker
3 Petersilienzweige
$^1/_2$ TL Salz

Salat in Streifen schneiden, die Schalotten grob hacken. Die Erbsen in einen Topf geben und den Salat, die Schalotten, Petersilie, Zucker, Salz, die Hühnerbrühe und die Hälfte der Butter dazu. Langsam kochen, bis die Erbsen weich sind. Petersilie entfernen und die Erbsen in einem Sieb abtropfen lassen. Den Saft aufheben. Die Erbsenmischung in einer Schüssel fein pürieren. Im Wasserbad wieder langsam erhitzen, den Rest der Butter hinzufügen. Falls es zu dick ist, ein wenig von dem Saft dazutun. Nicht zu heiß kochen, sonst geht die schöne grüne Farbe verloren. Falls es zu dünn ist, pürierte Kartoffeln dazugeben.

HEDWIG

Hedwig, die Tante der hl. Elisabeth von Thüringen, wurde 1174 auf Schloß Andechs als Tochter des Grafen Berthold geboren. Sie wurde von den Benediktinerinnen des Klosters Kitzingen erzogen und aus Staatsräson mit 13 Jahren dem künftigen Herzog von Schlesien vermählt, der ab 1202 sein Land regierte. Hedwig stiftete mit dem Einverständnis ihres Mannes ihre große Mitgift für die Gründung eines Zisterzienserinnenklosters in Trebnitz bei Breslau. Ihre Tochter Gertrud wurde später die Äbtissin dieses Klosters, des ersten Nonnenklosters in der Gegend, das Platz für 100 Nonnen und 900 Plätze zur Erziehung junger Frauen hatte. Das Herzogspaar hatte sieben Kinder, und die Buben waren sehr streitsüchtig. Hedwig tauschte nach dem Tod ihres Mannes 1238 das Leben am Hof gegen das Leben einer Nonne in Trebnitz ein, und als zwei Jahre später ihr ältester Sohn im Kampf gegen die Tartaren fiel, war sie bei allem Kummer froh, daß er jetzt mit Gott vereint war. Sie starb im gleichen Jahr und wurde in Trebnitz beerdigt. Hedwig wurde 1267 heiliggesprochen, ihr Festtag ist der 16. Oktober. Einige ihrer Reliquien befinden sich in Andechs, wo sich seit Kriegsende schlesische Heimatvertriebene treffen, um ihrer Schutzpatronin zu gedenken. In der Kunst wird Hedwig oft mit einer Marienfigur oder dem Modell des Klosters Trebnitz dargestellt, häufig auch mit ihren Schuhen in der Hand, da sie immer barfuß ging.

Hedwigssohlen

Teig

125 ml Milch, lauwarm
4 EL Zucker
1 TL Trockenhefe
1 Zitrone
250 g Mehl
4 EL Butter
½ TL Salz
1 Ei

Überzug

2 EL Sauerrahm
1 Eigelb
Zucker

Die Hälfte der Milch mit einem Teelöffel Zucker und der Hefe vermischen und stehenlassen, bis es Blasen wirft. Die Hälfte der Zitronenschale abreiben. Alle Teigzutaten dann mit der Hefemischung kombinieren und zu einem geschmeidigen, lockeren Teig verarbeiten. Bei Bedarf noch etwas Wasser oder Mehl nehmen. Teig 45 Minuten an einem warmen Platz ruhen lassen. Den Teig in 16 Stücke schneiden und jedes zu einer Schuhsohle formen. Der Teig soll ungefähr 6 mm dick sein. Die Sohlen auf ein gebuttertes Blech legen und nochmals 20 Minuten gehenlassen. Sohlen im vorgeheizten Ofen bei 200° 20 Minuten backen, bis sie goldgelb sind. 5 Minuten vor dem Ende der Backzeit die Oberfläche der Sohlen mit der Sauerrahm-Eigelb-Mischung bestreichen, mit Zucker bestreuen und fertigbacken.

In Trebnitz wurde alljährlich am Festtag der Heiligen ein Brot in Form einer Schuhsohle gebacken und an die Armen verteilt.

HELENA

Helena wurde um 255 als Tochter eines Gastwirts geboren und heiratete den römischen General Constantius Chlorus. 285 wurde ihr Sohn Konstantin geboren, aber als Constantius 292 zum Kaiser ausgerufen wurde, ließ er sich von Helena scheiden, um eine standesgemäßere Ehe einzugehen. Sie zog sich nach Trier zurück und wurde Christin. Als Konstantin nach dem Tod seines Vaters im Jahre 306 Kaiser wurde, nahm er seine Mutter zu sich und ließ sogar eine Münze zu ihrer Ehre prägen. Mit dem Einverständnis ihres Sohnes war Helena sehr wohltätig. Sie starb 330 auf der Rückreise vom Heiligen Land, wo sie Kirchenbauten überwacht hatte. Ihr großer Ruhm rührt von der Auffindung des Kreuzes Christi bei den Ausgrabungen für eine Kirche. Diese wichtige Reliquie ging im 14. Jahrhundert verloren. Viele Kirchen in Europa nehmen in Anspruch, eines ihrer Teile zu besitzen, und sind dementsprechend mit Darstellungen der Kreuzauffindung ausgeschmückt. Helena wird oft als reifere Römerin bei der Kreuzverehrung gezeigt. Ihr Festtag ist der 18. August, in der Ostkirche ist es gemeinsam mit dem ihres Sohnes der 21. Mai.

Lienzer Helenenbrot

1 kg Roggenmehl
200 g Sauerteig
1 EL Salz
750 ml Wasser
1 EL Trockenhefe
2 EL Brotgewürze, gemischt (Anis, Kümmel, Koriander, Fenchel)

Der Sauerteig wird mit der Hefe in einem Viertelliter warmes Wasser (35°) eingeweicht und in die Mehlmitte leicht eingemischt. Ist der Teig in der Mitte genügend gegangen, mischt man die gemahlenen Gewürze und den Rest des Wassers bei und knetet den Teig, bis er sich von den Fingern löst. Man läßt ihn an einem warmen Ort ruhen, bis er sich um zwei Drittel vergrößert hat, und knetet ihn nochmals durch. Daraus formt man einen großen Laib oder zwei kleinere und backt sie auf einem Blech mit Dampf bei 220° ungefähr 1 ½ Stunden lang. Um den Dampf zu erhalten, stellt man eine flache Schale mit Wasser auf den Boden des Herdes.

HILDEGARD

Hildegard von Bingen wurde 1098 in Bermersheim bei Alzey geboren und, weil sie ein kränkliches Kind war, auf dem Disibodenberg von ihrer Tante, der seligen Jutta, erzogen. Um die Reklusin Jutta bildete sich eine kleine Gemeinschaft, und als Jutta 1136 starb, wurde Hildegard ihre Äbtissin. Als diese benediktinische Gemeinschaft aus allen Nähten platzte, kam es unter Hildegards Leitung zur Gründung des Klosters Rupertsberg bei Bingen. Hildegard gründete noch andere Klöster und reformierte mehrere andere. Seit ihrem 17. Lebensjahr hatte sie Visionen, die von ihrem Beichtvater aufgeschrieben wurden. Sie war an allem interessiert: Naturwissenschaften, Medizin, Theologie, Musik und Kochkunst. Sie korrespondierte mit vielen ihrer berühmten Zeitgenossen: Kaiser Friedrich Barbarossa, König Heinrich II. von England, Papst Eugen II. und anderen Klerikern. Sie hatte keine Hemmungen, Kritik zu üben, ob an Kaiser oder Papst. Sie starb 1179 mit über 80 Jahren und ist in Rupertsberg beigesetzt. Hildegard wurde nie formell heiliggesprochen, im 15. Jahrhundert aber der Liste der Heiligen hinzugefügt. In der Kunst wird sie immer als Nonne dargestellt, lesend oder schreibend, oft mit züngelnden Flammen um ihr Haupt. Ihr Festtag ist der 17. September, sie ist Schutzpatronin der Kranken und der Naturwissenschaftler.

Hildegardplätzchen

100 g Butter
400 g Mehl
200 g Zucker
2 Eier
1 Prise Salz
1 TL Backpulver
15 g Zimt, gemahlen
15 g Muskatnuß, gerieben
3 g Nelken, gemahlen

Butter und Zucker zusammenrühren, Eier dazugeben. Die restlichen Zutaten hinzugeben und zu einem glatten Teig verarbeiten. Teig 5 mm dick ausrollen und kleine Kreise (6 cm) ausstechen. Im vorgeheizten Herd bei 175° 10 bis 12 Minuten backen, bis sie goldgelb sind. Die Teigmenge ergibt ungefähr 40 Plätzchen.

HONORATUS

Honoratus wurde in der zweiten Hälfte des dritten Jahrhunderts als Sohn eines römischen Konsuls in Trier geboren und erhielt in Frankreich eine gute Erziehung. Als junger Mann trat er zusammen mit seinem Bruder Venantius zum Christentum über. Da ihr Vater über diese Entscheidung nicht glücklich war, flohen die Brüder mit ihrem geistlichen Führer nach Griechenland. Dort starb Venantius, und Honoratus wurde krank und kehrte nach Frankreich zurück. Zuerst lebte er als Einsiedler in den Bergen in der Nähe von Marseille, und als sich ihm viele Gleichgesinnte anschlossen, gründete er das berühmte Kloster auf einer der Lérins-Inseln an der Côte d'Azur, die heute Saint-Honorat heißt. Das Kloster war für seine Frömmigkeit und die Barmherzigkeit der Mönche berühmt. Im Jahre 426 ließ sich der für seine eleganten theologischen Schriften wohlbekannte Honoratus widerstrebend zum Erzbischof von Arles weihen und starb überarbeitet nach drei Jahren. 1391 wurden seine Reliquien von Arles nach Saint-Honorat übertragen und später nach Grasse, wo sie noch heute sind. Der Festtag von Honoratus ist der 16. Januar, in der Kunst wird er als Bischof oder Abt dargestellt.

Hasenrücken Saint-Honorat

1 Hasenrücken
Marinade
1 Stangensellerie, fein gewiegt
1 Zwiebel, fein gewiegt
1 Zweig frischer Thymian
250 ml Weißwein, trocken
Soße
1 EL Johannisbeergelee
1/2 TL Pfefferkörner, grob gestoßen
250 ml klare Rinder- oder Hühnerbrühe
4 EL Butter
250 ml süßer Rahm
100 g Champignons, in Scheiben geschnitten
3 EL weißer Essig

Die Haut und die Knochen vom Hasenrücken entfernen. Fleisch mindestens 24 Stunden marinieren, dann herausnehmen und leicht abtrocknen. In einer heißen Pfanne mit etwas Butter auf allen Seiten gut bräunen. Fleisch aus der Pfanne nehmen und warmhalten.
Die Marinade, das Johannisbeergelee, die Pfefferkörner und die Brühe in die Pfanne geben. Über mittlerer Hitze auf ein Drittel reduzieren und dann durch ein Sieb drükken. Butter, Rahm, Champignons und Essig zugeben, umrühren, bis die Soße dick wird. Das Fleisch auf einer Servierplatte arrangieren, mit der Soße übergießen und sofort servieren. Für 2 Personen.

HUBERT

Über Huberts frühes Leben wissen wir nicht viel. Er wurde wohl um 655 geboren, wurde vom hl. Lambert zum Priester geweiht, lebte eine Zeitlang als Eremit und missionierte in den Ardennen. Nach der Ermordung Lamberts in Lüttich im Jahre 705 wurde Hubert sein Nachfolger. Er überführte Lamberts Reliquien von Maastricht nach Lüttich, baute dort eine Kirche und verlegte damit den Sitz der Diözese, wodurch er zum ersten Bischof von Lüttich wurde. Hubert starb 727 auf einer Reise nach Brabant. Im neunten Jahrhundert wurden seine Sterbereste von Lüttich in das Kloster St. Hubert an der belgisch-luxemburgischen Grenze überführt. Der große Ruf Huberts stammt aus dem 14. Jahrhundert, als die Bekehrungslegende des hl. Eustachius, der am Karfreitag jagen gegangen war, auf ihn übertragen wurde. Hubert ist der Schutzpatron der Jäger, und weil er als Einsiedler im Wald lebte, ist er auch der Patron der Förster und Holzfäller. Der Stadt- und Bistumspatron von Lüttich hat seinen Festtag am 3. November. Neben der Bekehrung Huberts vor einem Kreuz zwischen dem Geweih eines Hirschen sind auch Darstellungen als Bischof zu finden. Kulinarisch wird Hubert meistens mit Wildgerichten assoziiert.

Frischlingskeulen Sankt Hubertus

2 Keulen vom jungen Wildschwein mit Knochen
1 1/2 TL Salz
2 TL süßer Paprika
1/4 TL frischgemahlener schwarzer Pfeffer
1/4 TL getrockneter Salbei
1/2 TL getrockneter Thymian
1/2 TL getrockneter Oregano
5 EL Öl
250 ml Fleischbrühe
5 EL Rotwein
5 EL Sahne

Die Frischlingskeulen mit einem scharfen Messer sorgfältig von der Haut befreien und von allen Seiten mit Salz einreiben. Den Backofen auf 220° vorheizen. Paprika, Pfeffer, Thymian, Salbei und Oregano mischen und die Keulen damit auf allen Seiten einreiben. Die Keulen mit Öl bestreichen, mit dem restlichen Öl in die Bratenpfanne geben und im Backofen braten. Nach 15 Minuten Bratzeit die heiße Fleischbrühe um die Keulen gießen und eine weitere Stunde schmoren. Den Rotwein in den letzten 15 Minuten dazugießen. Nach dem Braten die Keulen auf eine Servierplatte legen. Rahm unterrühren und die Soße abschmecken. Soße getrennt servieren. Mit Klößen und Rotkohl servieren. Reicht für 8 Personen.

Rehkeule Hubertus mit Ingwer

Beize

1 ½ l Wasser
125 ml Weinessig
1 Lorbeerblatt
5 Pfefferkörner
5 Wacholderbeeren
1 TL frisch geriebener Ingwer
1 Zwiebel, geviertelt

Fleisch

1 Rehkeule, ohne Knochen (600–800 g)
100 g magerer Speck
Salz und Pfeffer
4 EL Olivenöl
2 EL Tomatenmark
1 Bund Suppengrün
250 ml Fleischbrühe
3 EL Mehl
2 EL saure Sahne

Alle Zutaten für die Beize mischen. Die gesäuberte und gut gewaschene, von jeglicher Haut befreite Rehkeule in die Beize legen, zudecken und drei Tage stehenlassen. Dann die Keule herausnehmen, abtrocknen, mit dem in Stifte geschnittenen mageren Speck spicken, salzen und pfeffern und im heißen Olivenöl anbraten. Das gewaschene und kleingeschnittene Suppengrün hinzufügen, nach 15 Minuten mit dem Tomatenmark ablöschen, mit der Fleischbrühe auffüllen und zugedeckt schmoren lassen. Nach 90 Minuten Schmorzeit das Fleisch herausnehmen und warmstellen. Die Soße mit dem in Wasser glattgerührten Mehl binden, mit saurer Sahne verfeinern und nach Belieben mit Salz und Pfeffer nachwürzen. Rehkeule in dicke Scheiben schneiden und mit Spätzle und Rotkohl und einem kräftigen Rotwein servieren. Für 6 Personen.

Lepre a la Sant' Uberto

HASENSCHMORTOPF

1 Hase, 1,5 kg
1 Karotte, fein geschnitten
1 Stück Stangensellerie, fein geschnitten
1 große Zwiebel, gehackt
6 EL Olivenöl
1 Knoblauchzehe, fein geschnitten
2 Lorbeerblätter
3 Nelken
2 Zweige Rosmarin
1 Zweig Salbei
250 ml Rotwein, trocken
Salz und Pfeffer
1 EL Mehl
2 TL Orangenschale, gerieben
2 TL rotes Johannisbeergelee

Den Hasen gut waschen, in Stücke schneiden und in eine Schüssel legen. Um die Beize zu bereiten, werden die Karotte, Zwiebel und Sellerie in der Hälfte des Olivenöls 5 Minuten angebraten, bis sie weich sind. Knoblauch, Lorbeerblätter, Nelken, Rosmarin und Salbei mit dem Wein in die Pfanne geben. Zwei Minuten kochen lassen und mit Salz und Pfeffer abschmecken. Beize abseihen, Gemüse aufheben. Wenn die Beize kalt ist, über den Hasen gießen und 24 Stunden lang kalt stehenlassen. Den Hasen mit einem Schaumlöffel von der Beize entfernen und in Mehl rollen. Den Rest des Öls in der Pfanne erhitzen und darin die Hasenstücke schön bräunen. Das aufgehobene Gemüse und die Kräuter dazugeben, langsam kochen und ab und zu Beize zugießen, bis die ganze Beize verwendet ist. Mit Salz und Pfeffer abschmekken, zudecken und eine Stunde lang schmoren lassen. Die Hasenstücke mit dem Schaumlöffel entfernen und auf eine Servierplatte legen. Die Orangenschale und das Johannisbeergelee in die Pfanne geben, fest umrühren und dabei soviel wie möglich vom Pfannenboden abschaben, damit es viel Geschmack bekommt, zum Kochen bringen, über die Hasenstücke gießen und sofort servieren. Für 6 Personen.

IGNATIUS

Ignatius wurde 1491 im baskischen Loyola als jüngstes von elf Kindern geboren und wurde auf den Namen Iñigo getauft. Der junge Adelige empfing eine gute Erziehung am kastilischen Königshof und wurde Soldat. Bei der Belagerung Pamplonas 1521 von einer Kanonenkugel schwer verletzt – er hinkte sein Leben lang –, lag er monatelang im Bett. Als ihm die Ritterromane ausgingen, griff der Lebemann aus Langeweile nach religiöser Literatur, und ein Buch über das Leben Christi begeisterte ihn so sehr, daß er Ritter im Dienst Christi werden wollte. Er zog sich als Einsiedler in die Nähe von Montserrat bei Barcelona zurück, hatte dort Visionen und verfaßte seine „Geistlichen Übungen". Nach einigen Pilgerreisen nahm er mit 33 Jahren seine Studien auf, wechselte die Universitäten und landete schließlich in Paris, wo er 1534 Magister wurde. In Paris schlossen sich ihm sechs Gleichgesinnte an, die mit ihm lebenslange Armut und Keuschheit gelobten und im Heiligen Land missionieren wollten. Das Projekt zerschlug sich, und die mittlerweile zu Priestern geweihten Gefährten gingen 1540 nach Rom, um sich dem Papst zu unterstellen. Die „Gesellschaft Jesu" war entstanden. Ignatius wurde zum ersten General der „Jesuiten", wie der neue Orden genannt wurde, und starb 1556 in Rom. 1622 wurde er heiliggesprochen, sein Gedenktag ist der 31. Juli. Die Jesuiten verbreiteten sich ungeheuer schnell über die ganze Welt und hatten riesigen Einfluß auf die Kirchengeschichte. Ignatius ist der Schutzpatron der Soldaten und der Kinder. Er wird meistens in einer schwarzen Soutane dargestellt.

Dieses Rezept aus dem Baskenland kam von einem spanischen Jesuiten über einen deutschen Freund in meinen Besitz.

Ignacios
MANDELKUCHEN

6 Eiweiß

625 g Zucker

400 g Mandeln, fein gerieben

200 g Mehl

200 g Butter

In einer großen Schüssel das Eiweiß mit einem Rührgerät sehr fest schlagen. Unter ständigem Schlagen den ganzen Zucker langsam dazurühren. Vorsichtig die Mandeln und das Mehl unterziehen. Butter schmelzen und wenn abgekühlt auch darunterziehen. Den Teig in eine ungefettete Springform von 25 cm Durchmesser und einem hohen Rand (12 cm) gießen und im vorgeheizten Backherd bei 175° auf einer unteren Schiene 1 ½ bis 2 Stunden backen. Mit einem Hölzchen testen, ob der Kuchen gar ist. 12 bis 16 Portionen.

ISIDOR

Isidor wurde um 1070 in Madrid geboren und verließ früh sein Elternhaus, um sich als Knecht zu verdingen. Er arbeitete so gut, daß er befördert wurde, aber seine neidischen Mitknechte verleumdeten ihn, daß er über Beten und Kirchgang seine Arbeit vernachlässige. Als sein Herr aufs Feld ging, um ihn zu ermahnen, sah er Isidor am Rande des Feldes beten und an seiner Stelle zwei Engel, die das Feld pflügten. Isidor, der mit Maria Toribia verheiratet war, war nicht nur sehr fromm, sondern auch Armen, Kranken und Hilfsbedürftigen gegenüber sehr großzügig. Der bescheidene Bauer starb 1130. Als man nach 40 Jahren sein Grab öffnete, waren sein Leib und seine Kleider unversehrt und wurden in die Kirche St. Andreas in Madrid überführt. Isidor wurde 1622 heiliggesprochen, sein Festtag ist der 15. Mai, der seiner Frau der 8. September. Isidor ist der Schutzpatron der Bauern und Feldmesser. In Tirol ist er hochverehrt und mehrere Orte halten jedes Jahr eine Isidorprozession ab. Die häufigste Darstellung Isidors ist die Szene mit den Engeln am Pflug, man findet ihn auch oft mit einem Dreschflegel.

Lombarda al modo San Isidoro

ROTKOHL-AUFLAUF

1 Zwiebel, groß, in dünne Scheiben geschnitten
1 grüner Apfel, geschält und grob gerieben
3 EL Fett
650 g Rotkohl, fein gehobelt
200 g Kartoffeln, geschält und gewürfelt
1 Lorbeerblatt
1/4 TL Anis
Salz und Pfeffer
60 ml Rotweinessig
180 ml Wasser
60 g Speck, gewürfelt

Die Zwiebel und den Apfel ungefähr 3 bis 4 Minuten im Fett leicht andünsten. Rotkohl dazugeben und umrühren, daß der Kohl mit dem Fett überzogen wird. Die Kartoffeln in eine gefettete Auflaufform geben, die Rotkohlmischung darübergießen, das Lorbeerblatt und die Gewürze darauf streuen und Wasser und Essig zugießen. Zudecken und im vorgeheizten Backherd bei 170° eine Stunde backen. Vor dem Servieren den Speck schön knusprig braten, Fett abgießen und die gebratenen Speckwürfel auf den Rotkohl streuen und servieren. Für 6 bis 8 Personen.

JAKOBUS

Jakobus der Ältere war der Sohn des Zebedäus und der Bruder des Evangelisten Johannes. Seine Anwesenheit bei besonderen Ereignissen im Leben Jesu wird im Neuen Testament oft erwähnt. Aus der Apostelgeschichte wissen wir, daß Jakobus im Jahre 44 unter König Herodes Agrippa I. enthauptet wurde. An der Stelle seines Martyriums errichtete man später eine Kirche. Im siebten Jahrhundert kam die Legende auf, daß Jakobus in Spanien als Missionar gewirkt habe und dort auch beerdigt sei. Jakobus wurde in Spanien sehr populär, nachdem er 844 bei der Schlacht von Clavijo gegen die Mauren auf einem Schimmel erschienen war und der christlichen Seite zum Sieg verholfen hatte. Jakobus' Ruf als Verteidiger der Christen machte ihn zu einem der beliebtesten Heiligen. Im Jahre 876 begann mit dem Bau einer Kirche über seinem Grab in Santiago de Compostela eine der größten Wallfahrten der Welt. Die Jakobswege mit Klöstern, Hospizen und Brücken ziehen sich über ganz Europa hin und werden noch heute jährlich von bis zu 50.000 Pilgern benutzt. Am 25. Juli wird der Festtag von Jakobus gefeiert. Die Kunst zeigt ihn oft als Apostel, spätere Darstellungen als Pilger mit Stab und Jakobsmuschel. In Spanien findet man ihn auch als Ritter im Kampf gegen die Mauren. Er ist der Schutzpatron von Spanien und einiger ehemals spanischer Kolonien sowie der Schutzheilige der Pilger, Apotheker und Ritter.

Dieser Kuchen ist vielen Pilgern des Jakobsweges nach Santiago de Compostela bekannt.

Tarta de Santiago

JAKOBSKUCHEN

- *3 Eier*
- *200 g Zucker*
- *125 g Mehl*
- *100 g Butter, Zimmertemperatur*
- *100 ml Wasser*
- *200 g Mandeln, geschält und fein gerieben*
- *1 TL Zitronenschale, gerieben*
- *Puderzucker*

Backherd auf 175° vorheizen. Die Eier mit dem Zucker schaumig schlagen, bis die Mischung blaßgelb und locker ist. Mehl, Butter und Wasser dazugeben und mit einem Rührgerät 15 Minuten schlagen. Mandeln und Zitronenschale daruntermischen, den Teig in eine runde (25 cm Durchmesser), gebutterte Springform gießen und im Backherd 20–30 Minuten backen, bis der Teig fest, aber nicht hart ist. Im Zweifelsfall mit dem Hölzchen testen, ob der Kuchen gar ist. Nach Belieben kann man dann das Kreuz des hl. Jakobus aus Papier ausschneiden und oben auf den Kuchen legen. Den Kuchen dick mit Puderzucker bestäuben und das Papier entfernen.

Eine elegante, köstliche Suppe für den Auftakt eines besonderen Essens.

Potage Saint-Jacques

JAKOBSSUPPE

- *125 g Jakobsmuscheln*
- *125 ml Weißwein*
- *1 Lorbeerblatt*
- *6 Pfefferkörner*
- *1 Schalotte, in dünne Scheiben geschnitten*
- *300 ml Wasser*
- *500 g Lauch*
- *150 g Kartoffeln, dünn geschnitten*
- *4 EL Butter*
- *600 ml Milch*
- *Salz und Pfeffer*
- *2 Eigelb*
- *135 ml Sahne*
- *Croutons*

Die Jakobsmuscheln waschen und mit dem Wein, Lorbeerblatt, Pfefferkörnern, Schalotte und Wasser bei schwacher Hitze 5 bis 7 Minuten kochen, so daß die Muscheln gar sind. Bei zu starker Hitze werden die Muscheln zäh. Den Lauch in dünne Scheiben schneiden, aber die grünen Teile nicht mit den weißen mischen. Die grünen Teile 1 Minute in heißem Salzwasser blanchieren, abtropfen lassen, mit kaltem Wasser abschrecken und zur Dekoration aufheben. Kartoffeln dünn schneiden. In einem Topf die Butter schmelzen, die Kartoffeln und die weißen Teile des Lauchs darin 5 bis 7 Minuten behutsam kochen. Milch zugießen und 15 bis 20 Minuten leicht kochen lassen. Die Flüssigkeit der Muscheln durch ein Sieb in den Topf gießen, gut umrühren und mit Salz und Pfeffer abschmecken. Im Mixer pürieren. Die Muscheln in dünne Scheiben schneiden. Die Suppe in einen sauberen Topf gießen, Eigelb und Sahne vermischen und langsam in die Suppe mischen. Bei schwacher Hitze umrühren, bis sich die Suppe verdickt hat. Von der Herdplatte nehmen, die Muscheln und den vorbereiteten grünen Lauch dazugeben und mit Croutons servieren. Für 6 bis 8 Personen.

Ein leichtes und schnelles Rezept aus Jamaika, dessen Rumgeschmack die Karibik ins Haus bringt.

Santiago Pork Chops
SCHWEINEKOTELETTS

6 Schweinekoteletts vom Rücken, je 200 g
1 EL Öl
1 Zwiebel, fein geschnitten
2 EL Rum
3 EL Sojasoße
125 ml Tomatensoße
250 ml Hühnerbrühe
1 TL Pfeffer, frisch gemahlen
250 g gekochter Reis

Fett von den Koteletts entfernen. Öl in einer großen Pfanne erhitzen und die Koteletts auf beiden Seiten bräunen. Herausnehmen und auf die Seite stellen. Zwiebel in die Pfanne geben und leicht braten, bis sie gebräunt ist. Herausnehmen, auf die Seite stellen und übriges Öl weggießen. Rum in die Pfanne gießen und damit die angebackenen Pfannenreste ablöschen. Sojasoße, Tomatensoße, Hühnerbrühe und Pfeffer dazugeben, gut umrühren, zum Kochen bringen. Koteletts und Zwiebel hineinlegen und zudecken. Bei schwacher Hitze ungefähr eine Stunde lang schmoren, bis die Koteletts weich sind. Wenn die Soße zu dick wird, mehr Wasser oder Brühe dazugeben. Auf jeden Teller ein Kotelett legen und 3 bis 4 Eßlöffel Reis darauf. Etwas Soße über den Reis gießen, etwas mehr um das Kotelett.
Für 6 Personen.

Cassolette de Saint-Jacques à la Normande

MUSCHELTOPF

32 Miesmuscheln
4 EL Butter
125 g Jakobsmuscheln
4 Schalotten
1 EL Knoblauch, gerieben
2 EL Calvados
60 kleine gekochte Krabben
$^1/_4$ TL Paprika
$^1/_4$ TL Thymian
Salz und Pfeffer
4 EL Sahne

Die Muscheln gut waschen und den Bart entfernen, dann in ein wenig Salzwasser dämpfen, bis sich die Muscheln geöffnet haben. Abtropfen lassen und die Flüssigkeit aufheben. In einer Pfanne die Butter schmelzen und die Jakobsmuscheln mit den Schalotten und dem Knoblauch 6 Minuten leicht dünsten. Den Calvados in die Pfanne gießen und anzünden. Wenn die Flammen erstorben sind, das Kochwasser der Muscheln (ohne den Sand!), die Krabben, Paprika, Thymian, Salz und Pfeffer hineinrühren. Bei Mittelhitze die Flüssigkeit in der Pfanne reduzieren. Sahne und Muscheln dazugeben und warmhalten. In kleinen Schüsseln mit einer Zitronenschale dekorieren. Mit Baguette servieren. Als Vorspeise genug für 4 Personen.

Brochettes de Coquilles Saint-Jacques

JAKOBSSPIESSCHEN

32 Jakobsmuscheln, mittelgroß
125 ml Weißwein, trocken
Salz und Pfeffer
4 Schalotten
175 g Butter
2 EL Petersilie, fein gewiegt
16 dünne Scheiben Magerspeck
2 EL Weinessig
1 EL Schnittlauch, fein geschnitten
1 EL Kerbel

Die Jakobsmuscheln gut waschen und mit Wein sowie etwas Salz und Pfeffer bei schwacher Hitze fünf Minuten kochen. Abtropfen lassen und zwei Eßlöffel der Flüssigkeit aufheben. Die Schalotten fein wiegen und die Hälfte mit zwei Eßlöffel Butter glasig dünsten. Petersilie dazu, umrühren und vom Herd nehmen. Die Muscheln mit dieser Mischung anstreichen, die Speckstreifen halbieren, um eine Muschel wickeln und dann auf ein Spießchen stecken. Vier Eßlöffel Butter schmelzen, die Spießchen damit bestreichen und 10 bis 14 Minuten braun grillen. Die Spießchen oft wenden, wenn notwendig mit mehr Butter bestreichen. Während des Grillens kann die Soße gemacht werden. Die übrigen Schalotten mit dem Essig und der beiseite gestellten Flüssigkeit zum Kochen bringen und so lange kochen, bis die Flüssigkeit auf die Hälfte reduziert ist. Vom Herd nehmen und die übrige Butter in kleine Stücke geschnitten langsam unterrühren, bis eine glatte Soße entsteht. Die Kräuter untermischen, warmstellen. Spießchen und Soße separat servieren. Butter- oder Safranreis ist eine gute Beilage. Für 4 bis 6 Personen je nach Appetit.

JANUARIUS

Januarius oder Gennaro, wie er in Italien heißt, war Bischof von Benevent am Ende des dritten Jahrhunderts. Als bei der Christenverfolgung unter Kaiser Diokletian vier Mitglieder seiner Gemeinde ins Gefängnis geworfen wurden, besuchte er sie und ermutigte sie, ihren Glauben nicht aufzugeben. Von Spitzeln verraten, wurde er ebenfalls verhaftet. Nach der Verweigerung eines Götzenopfers wurde er der Legende nach wilden Tieren vorgeworfen, die aber sogleich zahm wurden. 305 wurde er mit seinen Gefährten in Pozzuoli enthauptet. Seine Reliquien wurden zuerst in Benevent aufbewahrt, dann in die Abtei Monte Vergine und 1497 schließlich nach Neapel überführt. Er wird das erste Mal 431 als Beschützer Neapels vor dem Ausbruch des Vesuvs erwähnt. Januarius ist besonders für das jährliche „Blutwunder" bekannt, das sich in Neapel ereignet: In der Kathedrale werden zwei Ampullen mit seinem Blut aufbewahrt, und wenn diese Ampullen in die Nähe seiner Kopfreliquie gebracht werden, verflüssigt sich das Blut und wird wieder rot. Eine natürliche Erklärung für dieses Phänomen gibt es bisher nicht. Der Festtag von Januarius ist der 19. September, aber Neapel feiert ihn am 16. Dezember, dem Tag, an dem 1631 die Stadt von einem Vulkanausbruch verschont wurde. Januarius ist Schutzpatron gegen Erdbeben und Vulkanausbrüche. Er wird immer als Bischof dargestellt, oft während seines Martertodes.

Hühnchen San Gennaro

4 Hühnerbrüste, ohne Knochen und Haut

Salz und Pfeffer

4 EL Olivenöl

2 TL Knoblauch, fein gewiegt

125 ml Weißwein, trocken

1 TL Basilikum

1 TL Oregano

250 g Zwiebeln, geschält und in dünne Scheiben geschnitten

250 g rote Paprikaschoten, in dünne Ringe geschnitten

1 italienisches Brot

Oliven zum Garnieren

Hühnerbrüste leicht salzen und pfeffern. Den Knoblauch mit zwei Eßlöffel Öl in einer Pfanne ein paar Minuten leicht andünsten. Wärme erhöhen und die Hühnerbrüste im Öl bräunen und schmoren, bis sie durch sind. Brüste auf einem Teller warmstellen. Wärme reduzieren und den Wein zugießen, alle braunen Pfannenreste abschaben, damit die Soße einen guten Geschmack bekommt. Die getrockneten Kräuter zugeben und eine Minute kochen lassen. Soße über die Brüste gießen. Die Zwiebeln in einem Eßlöffel Öl leicht anbraten, bis sie goldgelb sind. Warmstellen. Die Paprikaringe mit dem letzten Eßlöffel Öl andünsten, bis sie etwas weich, aber noch knusprig sind. Das Brot in der Mitte durchschneiden und im Grill leicht anbräunen. Ein Stück in der Größe der Hühnerbrüste abschneiden, etwas Soße daraufgeben, dann die Hühnerbrust und mit einem Viertel der Zwiebeln und Paprika bedecken. Noch etwas Soße zugießen und dann mit dem oberen Teil des Brotes bedecken, nach Belieben mit Oliven garnieren und servieren. Für 4 Personen.

JOHANNES DER TÄUFER

Johannes der Täufer war sechs Monate älter als Jesus, sein Vater Zacharias war Priester im Tempel und seine Mutter Elisabeth mit Maria verwandt. Ein Engel bestimmte den Namen des Kindes. Johannes fing um das Jahr 27 am Jordan zu Taufen an. Er predigte, daß die Menschen sich bekehren und auf das Kommen des Messias vorbereiten. Das Evangelium berichtet, daß er auch Jesus taufte und ihn als den Messias erkannte. Johannes führte einen strengen Lebensstil, er ernährte sich von Heuschrecken und wildem Honig und war sehr bekannt. Als er öffentlich anprangerte, daß König Herodes Antipas seine Gattin verlassen und die Frau seines Bruders geheiratet hatte, wurde er ins Gefängnis geworfen und nach dem berühmten Tanz der Salome enthauptet. Beerdigt wurde Johannes in Samaria, aber das Grab wurde im vierten Jahrhundert zerstört. Johannes der Täufer ist einer der ersten Heiligen der Kirche und wird im Osten und Westen sehr verehrt. Sein asketischer Lebensstil fand besonderen Anklang unter den Mönchen. In der Westkirche hat Johannes zwei Festtage, der bekannteste ist sein Geburtstag am 24. Juni, sechs Monate vor Weihnachten. In der Ostkirche wird er am 7. Januar gefeiert und seine Empfängnis am 23. September. Er wird in vielen Gemälden als Einsiedler in der Wüste, beim Taufen im Jordan und bei seiner Enthauptung dargestellt. Johannes ist der Schutzpatron von Malta und Jordanien.

Johannisweibl

- *250 g Mehl*
- *1 TL Trockenhefe*
- *125 ml Milch*
- *60 g Butter*
- *50 g Zucker*
- *2 Eier, getrennt*
- *1 Zitrone*
- *2 Prisen Salz*

Die Hefe in der lauwarmen Milch mit einem Teelöffel Zucker auflösen und mit wenig Mehl einen Vorteig rühren, 15 Minuten gehenlassen. Das übrige Mehl, Zucker, eine Prise Salz, Milch, weiche Butter, Eiweiß und geriebene Zitronenschale vermengen und zusammen mit dem Vorteig gut verkneten. Mit einem Nudelholz den Teig auf einer bemehlten Arbeitsfläche ungefähr 1 bis 1 $^1/_2$ cm dick ausrollen. 20 bis 30 Minuten ruhenlassen, während dieser Zeit mit einem Tuch oder Plastikfolie abdecken. Wenn der Teig nicht mehr schrumpft, eine Mädchenform herausschneiden und dekorieren. Eigelb mit der Prise Salz verrühren. Die Form zweimal mit Eigelb bestreichen, jeden Anstrich gut antrocknen lassen. Im vorgeheizten Herd bei 200° ca. 20 Minuten goldgelb backen. Ergibt 4 große Figuren.

Früher war es üblich, am Festtag eines Heiligen Brot für die Armen zu backen. Oft hatte dieses Brot eine besondere Form. Hier ist ein Rezept für so ein „Gebildebrot“, das es in Deutschland zum Johannistag gab.

Dies ist ein traditionelles Rezept für Schnecken, das in Rom an Johanni gekocht wird.

Schnecken in Tomatensoße

200 g Schnecken aus der Dose
4 EL Zwiebel, gehackt
1 TL Knoblauch, fein gewiegt
2 EL Olivenöl
400 g feste frische Tomaten, geschält
1/2 TL Salz und Zucker
1/2 TL Basilikum und Oregano
1 Prise schwarzer und Cayennepfeffer

In einer schweren Pfanne Zwiebel und Knoblauch im Öl anbraten, bis sie goldbraun sind. Schnecken hinzufügen und bräunen. Die Tomaten grob hacken und mit dem Saft, Zucker, Salz und den Gewürzen in die Pfanne tun. Zudecken und 30 Minuten langsam kochen lassen. Schwarzen und Cayennepfeffer hinzugeben, abschmecken, wenn nötig mit Salz und Pfeffer nachwürzen. Mit gekochten Spaghettini servieren. Als Vorspeise reicht es für 6, als Hauptgericht für 4 Personen.

Diese Lasagne wird in den Abruzzen traditionell am 24. Juni zubereitet.

Lasagne al Forno

350 g Lasagneblätter
500 g Mozzarella, gewürfelt
250 g italienische Salami
6 hartgekochte Eier, gehackt
500 g Ricotta
150 g Parmesan, gerieben
Tomatensoße
1 Zwiebel, mittelgroß, gehackt
2 TL Knoblauch, fein gewiegt
4 EL Olivenöl
800 g feste frische Tomaten, geschält
1 TL Salz
1 TL Zucker
1 TL Basilikum und Oregano
Fleischbällchen
250 g Hackfleisch vom Rind
1 EL Olivenöl
Salz und Pfeffer

Hackfleisch mit Salz und Pfeffer gut vermischen und sehr kleine Bällchen formen. Das Öl in einer Pfanne erhitzen und die Fleischbällchen schön bräunen. Fett abgießen und aufheben. Es ist leichter, dies in kleineren Mengen zu machen, denn sonst kann es sein, daß die Bällchen auseinanderfallen.

Für die Soße die Zwiebel und den Knoblauch im Olivenöl andünsten. Die Tomaten grob hacken, mit ihrem Saft, Zucker, Salz und Gewürzen zu der Zwiebel und dem Knoblauch in den Topf geben. Zudecken und 30 Minuten langsam kochen lassen, ab und zu umrühren.

In der Zwischenzeit können die Lasagneblätter in viel Salzwasser gekocht werden, bis sie halb gar sind.

Eine große Auflaufform gut buttern und die Hälfte der Nudeln hineinlegen.
Die Hälfte der Fleischbällchen, des Mozzarellas, der Eier, des Parmesans, des Ricottas und der Soße hineinschichten. Prozeß wiederholen und mit einer Lage Soße aufhören. Im Herd bei 190° ungefähr 30 Minuten backen.
Reicht für 8 bis 10 Personen.

JOSEPH

Joseph von Nazareth ist der Ehemann Marias und der Nährvater Jesu, und alles was wir von ihm wissen, stammt aus den Anfängen der Evangelien nach Lukas und Matthäus, was dafür sprechen könnte, daß er früh gestorben ist. Er war aus dem Hause Davids, lebte als Zimmermann in Nazareth und verlobte sich mit Maria. Joseph sorgte für Jesus seit dessen Geburt, mit gelegentlicher Hilfe eines Engels, der ihm im Traum erschien. Die Verehrung Josephs begann in der Ostkirche und verbreitete sich langsam im Westen. Sie wurde durch die hl. Theresia von Ávila sehr verstärkt, die ihre erste Klostergründung unter sein Patronat stellte. Sie sagte auch den Ratsuchenden stets: „Geht zu Joseph!“ Sein Festtag am 19. März war früher ein Feiertag. Er ist der Patron der ganzen Kirche und der christlichen Familien, Schutzpatron der Zimmerleute und der Arbeiter. Er ist der Patron von Mexiko, Kanada, Österreich, Tirol und Peru. Man ruft ihn auch um eine gute Sterbestunde an. Joseph ist ein beliebter Vorname, und es gibt viele mit diesem Namen, ob sie Joe, Giuseppe, José oder Sepp heißen. In der Kunst findet man ihn meistens in der Krippe bei der Geburt Jesu, auf Darstellungen der hl. Familie oder als Zimmermann bei der Arbeit.

Straubinger Josefitorte

Teig
1 Zitrone
150 g Butter
100 g Zucker
3 Eier, klein
6 EL Milch
2 EL Kirschwasser oder Weinbrand
500 g Mehl
2 TL Backpulver
½ TL Zimt
Je 1 Prise Piment und Muskatnuß
Füllung
600 g Äpfel
150 g Haselnüsse
3 EL Milch
3 EL Honig
4 EL Zucker
100 g Rosinen
2 TL Zimt
Butter, geschmolzen

Zitronenschale abreiben, mit allen anderen Teigzutaten mischen und zu einem glatten Teig verarbeiten. Eine Springform von 20–25 cm Durchmesser bereitstellen. Teig ausrollen und 5 Teigkreise in Größe der Form ausschneiden. Äpfel schälen, entkernen und grob reiben. Haselnüsse fein hacken und in einer Schüssel alle Zutaten der Füllung gut vermischen. Einen Teigkreis in die Springform legen, ein Viertel der Füllung gleichmäßig darauf verteilen, dann den nächsten Teigkreis auflegen. Dreimal wiederholen und den obersten Teigkreis mit der geschmolzenen Butter bestreichen. Backherd auf 175° vorheizen und den Kuchen auf einer unteren Schiene 1 bis 1½ Stunden backen. Mit dem Hölzchen probieren, ob der Kuchen gar ist. Aus dem Herd nehmen und noch warm mit Zucker bestreuen. Wenn der Kuchen abgekühlt ist, die Form entfernen, über Nacht stehenlassen und erst dann anschneiden.

KARL BORROMÄUS

Karl Borromäus wurde 1538 in Arona aus einer adeligen Familie geboren und als zweiter Sohn schon sehr früh für die kirchliche Laufbahn bestimmt. Er studierte Kirchenrecht an der Universität in Pavia, wo er mit 21 Jahren promovierte. Als sein Onkel mütterlicherseits zum Papst gewählt wurde, wurde er päpstlicher Geheimsekretär Pius' IV. Ein Jahr später wurde er Kardinaldiakon und zum Verwalter der Diözese Mailand sowie zum päpstlichen Legaten am Konzil von Trient bestellt. 1563 wurde er zum Priester geweiht, kurz danach zum Kardinalerzbischof von Mailand, und 1565 fing er mit seiner Arbeit an. Karl Borromäus setzte sich sehr für die Reformen des Trienter Konzils ein und wurde durch seine Beiträge zur Wiederbelebung der Kirche ein Beispiel für alle anderen Bischöfe. Mit fast unbegrenzter Energie, wenig Schlafbedürfnis und bescheidenem Lebensstil reiste er durch seine Diözese, um zu predigen und Beichten zu hören. Er unterstützte die neuen Orden, wie zum Beispiel die Jesuiten, in ihrer Erneuerung des religiösen Lebens. Trotz starker Opposition (bis hin zum Mordversuch) folgte er dem Reformweg der Kirche und gab durch sein asketisches Leben ein gutes Beispiel. Karl Borromäus starb 1584, im Jahre 1610 wurde er von Papst Paul V. heiliggesprochen. Sein Festtag ist der 4. November. Der Schutzpatron der Seelsorger und Priesterseminare wird meistens als Kardinal dargestellt.

Dieses Rezept stammt aus Mexiko.

Chimichangas San Carlos

TORTILLAS

3 EL Öl
3 Zwiebeln, gehackt
1 Knoblauchzehe, fein gehackt
1 kg Rinderhackfleisch, mager
4 Tomaten, reif, geschält und grob gehackt
1/2 TL mexikanisches Chilipulver
1/2 TL Kümmel, gemahlen
1/4 TL Oregano
1 TL Salz
12 Tortillas aus Weizenmehl, groß
125 g milder Käse, gerieben
2 Avocados, groß, geschält und längs geschnitten
125 ml Öl
Sauerrahm

In einer großen Pfanne 3 Eßlöffel Öl erhitzen und die Zwiebeln und Knoblauch so lange dünsten, bis sie glasig sind. Hackfleisch zerkrümeln und gut bräunen. Tomaten und Gewürze dazugeben und gut umrühren. Mischung unter häufigem Rühren so lange kochen, bis sie ziemlich trocken ist. Überschüssiges Fett abgießen. Auf jede Tortilla ein Zwölftel der Fleischmischung legen, mit Käse bestreuen und mit Avocadoscheiben belegen. Zwölf der Avocadoscheiben zum Garnieren beiseite stellen. Die Tortilla wie einen Briefumschlag falten und im heißen Öl goldbraun anbacken, aber so, daß sich der Umschlag nicht öffnet. Abtropfen lassen. Chimichangas mit einer Scheibe Avocado und dem Sauerrahm dekorieren und servieren.
Ein grüner Salat oder Tomaten- und Gurkenscheiben passen gut dazu.

Eier St. Charles

1 Ei
4 EL Milch
4 Fischfilets, je 100 g, Seezunge oder anderer Weißfisch
50 g Mehl
50 g Speisestärke
4 Eier, pochiert
250 ml Sauce hollandaise

In einer flachen Schüssel das Ei mit der Milch verquirlen. Den Fisch mit Salz und Pfeffer würzen, die Filets mit dem Mehl bestreuen, durch die verquirlte Flüssigkeit ziehen und mit der Stärke bestreuen. Öl in der Pfanne erhitzen und den Fisch bei mittlerer Hitze knusprig braten. Auf ein Küchentuch legen und abtropfen lassen. Den Fisch auf vier Teller verteilen, ein pochiertes Ei darauf setzen und mit einem Viertel der Sauce hollandaise übergießen.

KATHARINA

Katharina von Alexandrien ist eine Heilige, deren Leben in Legenden verhüllt ist. Ihnen nach lebte sie im vierten Jahrhundert im ägyptischen Alexandrien. Kaiser Maxentius machte der außergewöhnlichen Schönheit den Hof, aber sie weigerte sich zu heiraten, denn ein Einsiedler hatte sie überzeugt, daß Christus ihr wahrer Bräutigam sei. Der Kaiser ließ 50 heidnische Philosophen mit Katharina über das Christentum disputieren, aber sie widerlegte sie und alle 50 ließen sich taufen. Der wütende Kaiser verurteilte die Philosophen zum Tod auf dem Scheiterhaufen und Katharina zum Tod am Rad, aber das Rad zerbrach; schließlich wurde sie enthauptet. Es gibt keine Darstellungen von Katharina aus dem ersten Jahrtausend, denn ihre Verehrung fing erst im neunten Jahrhundert an und setzte besonders ab dem 13. ein. Sie ist eine der Vierzehn Nothelfer. Zwei häufige Motive sind Darstellungen mit dem Rad und ihre mystische Hochzeit mit Christus. Katharina ist Patronin der Kantone Wallis und Sitten sowie der Universitäten Paris und Eichstätt, Schutzpatronin der Philosophen und aller Berufe, die mit Rädern zu tun haben. Ihr Festtag ist der 25. November.

Katharinenlebkuchen

Teig
5 Eier
250 g Zucker
250 g Mandeln, geschält und fein gerieben
250 g Zitronat
4 EL Pomeranzenschale, gerieben
1 Zitrone
2 EL Zimt
1 EL Nelken
1/2 TL Kardamom
375 g Mehl
1 TL Backpulver
Runde Oblaten
Glasur
125 g Puderzucker
4 EL Zitronensaft oder Weinbrand

Eier und Zucker mit einem Rührgerät schaumig schlagen. Zitronat fein wiegen. Zitronen und Pomeranzenschale abreiben, mit den restlichen Gewürzen zur Eimasse geben und eine Zeitlang gut durchrühren. Mehl, Backpulver, Mandeln und Zitronat dazugeben und zu einem glatten, streichfähigen Teig verarbeiten. Wenn der Teig zu klebrig ist, waren die Eier zu groß und man fügt noch etwas Mehl zu. Teig auf runde Oblaten streichen, ein paar Stunden stehenlassen und im Backherd bei 160° etwa 20 Minuten backen, bis sie sich beim Berühren fest, aber nicht hart anfühlen. Die warmen Lebkuchen mit der aus Puderzucker und Flüssigkeit gemischten Glasur überziehen. Trocknen lassen und in einem kalten Zimmer aufheben.
Ergibt ungefähr 40 Lebkuchen.

Pasta Santa Caterina

1 kg Tomaten, reif
2 EL italienische Petersilie, frisch, gewiegt
2 EL Basilikum, frisch, gewiegt
2 TL Knoblauch, fein geschnitten
3 EL Parmesankäse, gerieben
1 TL Oregano, trocken
6 EL Olivenöl
1/2 TL Salz
1/2 TL schwarzer Pfeffer, frisch gemahlen
500 g Spaghetti

Tomaten schälen, Kerne entfernen und in kleine Würfel schneiden. In einer mittelgroßen Schüssel alle anderen Zutaten mit Ausnahme der Nudeln mischen und eine Stunde bei Zimmertemperatur stehenlassen. Nudeln in genug heißem Salzwasser kochen, bis sie fertig sind. Gründlich abtropfen und in eine vorgewärmte Servierschüssel geben. Die Soße darübergießen und gut mischen. Abschmecken und mit extra Parmesankäse servieren. Reicht für 8 bis 10 Personen.

KLARA

Klara von Assisi wurde 1194 geboren. Mit 18 Jahren war sie vom hl. Franziskus so beeindruckt, daß sie sein Leben der Armut und Einfachheit führen wollte und aus ihrem vornehmen Elternhaus floh. Anfangs lebte sie in einem Benediktinerkloster, bis Franziskus für sie ein kleines Haus in San Damiano fand. Klara wurde eine enge Beraterin und lebenslange Freundin des hl. Franziskus. Im Jahre 1215 wurde sie die Äbtissin einer Gemeinschaft, die nach den Regeln der Minderbrüder lebten. Es dauerte nicht lange, bis sich andere Mitglieder ihrer Familie und vornehme Frauen aus Florenz der Gemeinschaft anschlossen. Die extreme Armut dieser Gruppe, die nur von Almosen lebte, war damals sehr ungewöhnlich. Klaras Nonnen oder „Arme Schwestern" verbreiteten sich über ganz Europa, besonders nach Spanien. Klara selbst verließ ihren Konvent in Assisi nie: Die letzten 27 Jahre ihres Lebens verbrachte Klara krank im Bett. Der sogenannte Zweite Orden der Franziskaner, der Klarissenorden, wurde 1253 vom Papst bestätigt, und sie starb im gleichen Jahr. Zwei Jahre später wurde sie heiliggesprochen. Ihr Fest wird am 11. August gefeiert. Sie ist die Patronin von Assisi, der Stickerinnen und der Glaser. Sie wird meistens im Habit der Klarissen dargestellt.

Ein farbenfreudiges Rezept aus einem spanischen Klarissenkloster.

Festsalat Santa Clara

6 Eier, hartgekocht
12 Sardinen in Öl
250 g Thunfisch aus der Dose
250 g Spargel, aus der Dose oder frisch
2 Avocados, mittelgroß
3 Tomaten, mittelgroß
250 g Käse
200 g Karotten, gerieben
Weinessig
Olivenöl

Die Eier in Scheiben schneiden. Tomaten auch in Scheiben schneiden und dann halbieren. Spargel und Sardinen ganz lassen. Wenn frischer Spargel verwendet wird, sollte er etwa 8 Minuten in Salzwasser gekocht werden. Die anderen Zutaten werden auch in Scheiben geschnitten, die Karotten grob gerieben.

Der Salat wird auf einer großen Platte zur Augenweide. Die geriebenen Karotten in die Mitte geben, den Thunfisch und die Sardinen obenauf. Die Karotten mit den Scheiben der Eier, Avocados und Tomaten umgeben. Spargel auch mit hineinarbeiten. Den Salat mit Essig und Öl übergießen, das Öl der Sardinen kann dazu verwendet werden.

Die Zutaten dieses Salates können leicht geändert werden, mit Scheiben von Gurken, Kiwis, roten Rüben, roten Paprikaschoten, Schinken, Krabben oder eingemachten Gurken. Reicht für 8 bis 12 hungrige Personen.

KLEMENS

Klemens wurde Mitte des ersten Jahrhunderts in Rom geboren und trat nach einer Predigt des Apostels Barnabas zum Christentum über. Er wurde von Petrus getauft und begleitete Paulus auf einigen Reisen. Im Jahre 88 wurde Klemens der dritte Nachfolger Petri als Bischof von Rom. Im Jahre 96 schrieb Klemens der zerstrittenen Kirche von Korinth einen Brief, in dem er betont, daß es notwendig sei, der Lehre der Kirche zu folgen und die Hierarchie samt der besonderen Stellung des Bischofs von Rom zu achten. Der Brief bestätigt auch, daß die Apostelfürsten in Rom ihr Martyrium erlitten. Klemens starb um das Jahr 100. Der Legende nach wurde Klemens von Kaiser Trajan zur Zwangsarbeit in den Steinbrüchen der Halbinsel Krim verurteilt, wo er schließlich mit einem Anker um den Hals ins Meer geworfen wurde. Sein Festtag ist der 23. November, er ist der Patron der Marmorarbeiter, Seeleute und Steinmetzen. Seine Reliquien befinden sich in der Kirche San Clemente in Rom, wo Fresken Szenen aus seinem Leben zeigen. Viele Kirchen in Europa sind dem Heiligen geweiht. Eine dieser Kirchen – St. Clement in London – hat ihren Weg in einen Kinderreim gefunden: „Oranges and Lemons the Bells of St. Clement's". Diese Verbindung zwischen Orangen, Zitronen und dem hl. Klemens gibt es nur im englischen Sprachraum.

Hühnerbrust St. Klemens

6 Hühnerbrüste
2 Knoblauchzehen, fein gewiegt
1/2 TL Ingwer, gemahlen
1/2 TL Zimt
2 EL Olivenöl
1 EL frisch geriebener Ingwer
1 EL Honig
175 ml Hühnerbrühe
2 Orangen
1 Zitrone
1/2 TL Salz
1/2 TL frisch gemahlener schwarzer Pfeffer
Frischer Koriander, Petersilie oder Schnittlauch zur Dekoration, fein gewiegt

Zimt, gemahlener Ingwer und Knoblauch werden gemischt und über die Hühnerbrüste gerieben.
Das Öl in einer großen schweren Pfanne mit Deckel erhitzen und die Hühnerbrüste darin auf beiden Seiten anbraten, bis sie schön braun sind.
Inzwischen eine Orangen- und eine Zitronenschale fein reiben. Den Saft von zwei Orangen und einer Zitrone ausdrücken und mit den geriebenen Orangen- und Zitronenschalen, dem frisch geriebenen Ingwer, dem Honig und der Hühnerbrühe vermischen. Diese Mischung wird dem Fleisch in der Pfanne zugesetzt und zum Kochen gebracht. Salz und Pfeffer hinzufügen. Mit dem Deckel fest zudecken und so kochen, daß die Flüssigkeit nur wenig Blasen wirft. 20 Minuten kochen lassen und währenddessen die Hühnerbrüste ein paarmal umdrehen. Mit Schnittlauch, Koriander oder Petersilie garnieren und servieren. Reicht für 4 bis 6 Personen.

Mousse St. Klemens mit Karamelorangen

Mousse

125 g Zucker

125 ml Schlagrahm

3 Eier

1 Orange

2 Zitronen

1 TL Gelatine

Karamelorangen

200 g Zucker

2 EL Grand Marnier

2 große Orangen

Kandierte Orangenschale

1 EL Zucker

Schale von einer Zitrone und zwei Orangen, sehr dünn geschält

Für die Mousse zuerst die Schale von einer Zitrone und einer Orange abreiben und aufheben. Die andere Zitrone ganz dünn schälen und aufheben. Den Saft der zwei Zitronen und der Orange ausdrücken. Den Saft in eine kleine Schüssel geben und die Gelatine darübergeben. In einer anderen Schüssel den Schlagrahm leicht schlagen. In einer großen Schüssel die Eigelbe, den Zucker und die Zitronen- und Orangenschale mit dem Rührgerät schlagen, bis eine dicke blasse Creme entsteht. Das Eiweiß auch schlagen, bis ein schnittfester Schnee entsteht. Die Schüssel mit dem Saft und der Gelatine langsam im Wasserbad erhitzen, bis sich die Gelatine aufgelöst hat. Diese Mischung der Eiercreme zugeben und so lange umrühren, bis es anfängt, steif zu werden. Geschlagenen Rahm und geschlagenes Eiweiß vorsichtig in die Mousse heben (nicht umrühren).

Die Mousse in 8 kleine Formen füllen. Mindestens zwei Stunden im Kühlschrank lassen, damit die Mousse steif wird.

Für die Karamelorangen zwei Orangen sehr dünn schälen und die Schalen aufheben. Die Orangen dann so schälen, daß keine weiße Schale mehr zu sehen ist. Die Orange quer in Scheiben schneiden, dann jede Scheibe halbieren. In einem Topf den Zucker und $^{1}/_{8}$ l Wasser bei kleiner Hitze auflösen. Bei großer Hitze den Sirup dann so lange kochen, bis er schön goldbraun ist. Den Grand Marnier mit 6 Eßlöffel Wasser mischen. Den Topf mit dem Sirup vom Herd nehmen und vorsichtig den verwässerten Grand Marnier hinzufügen. (Die Hände schützen, denn es wird spritzen!) Über schwacher Hitze vorsichtig umrühren, bis der Karamel sich aufgelöst hat. Wenn die Mischung abgekühlt ist, über die Orangenscheiben gießen und mindestens eine Stunde im Kühlschrank abkühlen lassen.

Für die kandierten Zitrusfruchtschalen müssen die aufgehobenen geschälten Orangen- und Zitronenschalen jetzt in ganz dünne Streifen geschnitten werden. Die Streifen zwei Minuten in kochend heißem Wasser blanchieren und das Wasser abgießen. Den Zucker in 2 Eßlöffel Wasser über schwacher Hitze auflösen. Die Schalen hinzufügen und bei schwacher Hitze so lange kochen, bis alle Flüssigkeit verdampft ist. Auf einen Teller legen und abkühlen lassen. Um die Mousse zu servieren, steckt man die Formen für ein paar Sekunden in sehr heißes Wasser und dreht sie dann auf die Servierplatte um. Die Mousse wird mit den Karamelorangenscheiben umgeben und mit den kandierten Schalen dekoriert. Das Resultat wird ihre Gäste beeindrucken.

KUNIGUNDE

Kunigunde wurde um 980 als Tochter des Grafen Siegfried von Luxemburg und seiner frommen Frau Hedwig geboren. Im Jahre 1000 heiratete sie Herzog Heinrich von Bayern, der zwei Jahre später zum deutschen König gewählt wurde. Im Jahre 1014 wurden Heinrich und Kunigunde in Rom von Papst Benedikt zu Kaiser und Kaiserin gekrönt. Noch als Königspaar gründete das Ehepaar das Bistum Bamberg und stiftete den ersten Dom. Als Heinrich 1023 starb, trat Kunigunde in das von ihr gestiftete Benediktinerinnenkloster Kaufungen ein, wo sie als einfache Nonne lebte und Kranke und Arme versorgte. Sie starb 1033. Nach ihrer Heiligsprechung im Jahr 1200, 50 Jahre nach der ihres Mannes, wurden ihre Gebeine nach Bamberg überführt. Heinrich und Kunigunde sind eines der wenigen heiligen Ehepaare. Über Kunigunde gibt es viele Erzählungen, von denen einige auf ihrem Grab im Bamberger Dom dargestellt sind. Die Legende von dem Ring erzählt von einem Jagdausflug, der für den Kaiser erfolglos geendet hatte, weswegen er beim Abendessen im Wald äußerst mißgelaunt war. Als sie von ferne die Glocken des neuen Doms läuten hörten, die sie beide gestiftet hatten, klang die des Kaisers so düster wie eine Begräbnisglocke, die Kunigundes sehr viel fröhlicher. Das brachte den Kaiser noch mehr auf, Kunigunde aber warf ihren Ring in Richtung ihrer Glocke, worauf sich deren Ton dem seiner Glocke anglich. Kunigunde wird oft mit ihrem Mann und dem Modell des Bamberger Domes dargestellt. Sie ist Patronin von Luxemburg und Schutzpatronin des Bistums Bamberg. Ihr Festtag ist der 13. Juli, in Bamberg auch der 3. März.

Kunigundenringe

45 g Zucker
200 ml Milch, lauwarm
2 EL Trockenhefe
500 g Mehl
1 $^1/_2$ TL Salz
1 Ei, Zimmertemperatur
250 g Butter

Einen Eßlöffel Zucker in der lauwarmen Milch auflösen, die Hefe unterrühren und so lange stehenlassen, bis es schaumig ist. Mehl, Salz und den Rest des Zuckers in einer Schüssel vermischen, das leicht verquirlte Ei in die Hefemischung einrühren, dann die Hefemischung mit dem Mehl zu einem glatten Teig verarbeiten. Um den Teig weich zu machen, nimmt man bei Bedarf mehr Mehl oder Wasser. Fünf Minuten gut durchkneten, zudecken und an einem warmen Platz 30 Minuten gehenlassen, bis sich das Volumen verdoppelt hat. Den Teig dann in den Kühlschrank stellen und eine gute Stunde abkühlen lassen. Butter und Teig müssen die gleiche Temperatur haben, wenn der nächste Schritt erfolgreich sein soll. Den Teig auf einer gut bemehlten Oberfläche 5 mm dick zu einem Rechteck ausrollen. Die weiche Butter in dünne Scheiben schneiden und auf ein Drittel des Rechtecks legen. Gebutterten Teil des Rechtecks falten und so auf den Teig legen, daß die Butter nicht sichtbar ist. Das andere Drittel des Rechtecks darüber falten, daß ein Streifen entsteht. Mit dem Nudelholz den Teig vorsichtig andrücken und ausrollen, aber aufpassen, daß die Butter nicht herausgequetscht wird. Zu einem Rechteck rollen. Das Ausrollen zweimal wiederholen. Teig wieder kühlstellen. Den ganzen Prozeß noch zweimal wiederholen und den Rest der Butter hineinarbeiten. Teig kühl halten. Teig wieder 5 mm dick ausrollen und Ringe von ca. 15 cm Außendurchmesser und 8 cm Innendurchmesser ausschneiden. Der innere Kreis kann so wie er ist gebacken werden. Das gibt sehr schöne Ringe, aber wenn man mehr Ringe will, wird der Teig in 45 cm lange und 7 cm dicke Streifen geschnitten, die zu Ringen geformt werden. Ringe mit einer Mischung aus Eigelb und einem Eßlöffel Milch bestreichen. Die Ringe auf ein feuchtes Backblech setzen und 20 Minuten gehenlassen, bis sie sich verdoppelt haben. Backherd auf 230° vorheizen und die Ringe dann 10 bis 15 Minuten goldgelb backen. Vom Blech entfernen und abkühlen lassen.

Am 3. März gibt es in Bamberg in den Bäckereien Kunigundenringe zu kaufen.

LAURENTIUS

Laurentius, der aus Spanien stammte, war Erzdiakon von Sixtus II. und für die Kirchenbücher und den Kirchenschatz in Rom verantwortlich. Er erlitt wenige Tage nach dem Papst während der Christenverfolgung unter Kaiser Valerian im Jahre 258 den Martertod, weil er die Güter der Kirche unter die Armen verteilte, anstatt sie herauszugeben. Sein Grab befindet sich in der Kirche S. Lorenzo fuori le mura. Laurentius kam in der Verehrung der römischen Kirche gleich nach Petrus und Paulus und gehörte zu den beliebtesten Heiligen in vielen Ländern. Sein Festtag ist der 10. August. Er ist der Patron von Sri Lanka und der Schutzpatron aller Berufe, die mit Feuer zu tun haben, sowie der Schüler und Studenten, Bibliothekare und Archivare. Die meisten Künstler stellen sein Martyrium dar: Laurentius wurde auf einem Rost zu Tode verbrannt. Den Henkern soll er der Legende nach gesagt haben, sie sollten ihn umdrehen, denn er sei auf einer Seite schon gar.

St. Lawrence Fried Fish

BRATFISCH LAURENTIUS

4 Zwiebeln, mittelgroß
4 Kartoffeln, mittelgroß
75 g Mehl
1 EL Rosmarin, trocken
1 EL Dill, frisch, gehackt
4 Scheiben Magerspeck, je 100 g
4 Fischfilets, ungefähr 150–200 g
Butter
125 g Käse, gerieben, mild

Das Wurzel- und Stengelende der Zwiebel entfernen, aber Zwiebel nicht schälen. Kartoffeln waschen und mit einer Gabel ein paarmal einstechen. Zwiebeln und Kartoffeln in Alufolie einwickeln und im Backherd bei 200° backen, bis sie weich sind (20 bis 30 Minuten). Zehn Minuten, bevor die Kartoffeln fertig sind, Mehl, Kräuter und Gewürze auf einem Teller mischen. Den Speck in einer großen Pfanne so lange braten, bis er schön knusprig ist. Speck entfernen. Fischfilet im Mehl wenden und im Speckfett braten, bis sie schön gebräunt sind. Jeder Gast bekommt ein Fischfilet, einen Streifen Speck, eine Zwiebel und eine Kartoffel, die er selbst auspackt und nach Geschmack buttert. Der Käse kann nach Belieben über die Zwiebeln und Kartoffeln gestreut werden.

Schweinebraten Saint-Laurent

2 Kotelettstücke vom Schwein, ohne Knochen, je 2–3 kg
20 Knoblauchzehen
5 Frühlingszwiebeln
250 ml Senf, grob
2 Schuß Tabasco
125 ml Sojasoße
4 EL Ingwer, frisch gerieben
125 ml Olivenöl
$^1/_2$ TL weißer Pfeffer
2 EL Estragonessig
4 EL Basilikum, frisch, gehackt
250 ml Weißwein

Die Kotelettstücke von Fett und Haut befreien. Mit einem scharfen Messer Löcher in das Fleisch schneiden, eine Knoblauchzehe und die Frühlingszwiebel hinein stecken. Zwiebel glatt an der Oberfläche abschneiden. Tabasco und Senf mischen und das Fleisch damit einreiben. Die zwei Stücke so zusammenbinden, daß das dicke Ende des einen Fleischstücks mit dem dünnen Ende des anderen Stücks gepaart wird und ein schöner runder Braten entsteht, der gleichmäßig gegart werden kann. Die übrigen Zutaten in einer großen Schüssel mischen und den zusammengebundenen Braten darin 24 Stunden ziehen lassen. Den Gasgrill so stark wie möglich vorheizen, den Braten dann unter häufigem Umdrehen so grillen, daß die Zeichen des Rostes überall zu sehen sind. Braten in eine Bratpfanne legen, zudecken und im Backofen bei 130° 2 bis 2 $^1/_2$ Stunden schmoren, so daß die Innentemperatur des Fleisches 65° beträgt. Nicht zu lange oder zu heiß braten, weil sonst das Fleisch austrocknet und nicht saftig ist. Schnur entfernen, Fleisch ein paar Minuten stehenlassen, in Scheiben schneiden und mit Baguette und einem grünen Salat servieren. Reicht für 30 Personen.

LUDWIG

Ludwig, 1214 in Poissy geboren, wurde nach dem Tod seines Vaters 1226 König von Frankreich, wobei seine Mutter Blanca von Kastilien bis zu seiner Volljährigkeit das Land regierte und ihn streng religiös erzog. Zu Beginn seiner Regierungszeit hatte er Aufstände zu unterdrücken und seine Macht zu sichern, aber 1248 konnte er am Kreuzzug teilnehmen. Anfangs erfolgreich, wurde er später gefangen und gegen Lösegeld freigesetzt. Er blieb im Heiligen Land bis 1254. Im Jahre 1270 begann er eine neue Kreuzfahrt, erkrankte aber an Typhus und starb in Tunis. Ludwig war bekannt für seine persönliche Frömmigkeit, sein Rechtsgefühl und seine Wohltätigkeit. Er gründete viele religiöse und erzieherische Institutionen und unterstützte die Gründung der Universität Paris. Viele Landansprüche legte er durch Verträge bei, anstatt Krieg zu führen. Unter seiner Herrschaft machte Frankreich große kulturelle Fortschritte, die Kathedralen wurden gebaut und das römische Recht wurde im ganzen Land eingeführt. Ludwig wurde 1297 von Papst Bonifaz VII. heiliggesprochen, sein Festtag ist der 25. August. Er wird immer als König dargestellt, oft mit dem Kreuz des Kreuzfahrers.

Nierchen Saint-Louis

600 g Kalbs- oder Lammnieren
80 g Butter
Salz und frisch gemahlener schwarzer Pfeffer
2 TL Dijon-Senf
1 TL Zitronensaft

Nieren auseinanderbrechen, Fettstrang entfernen, gründlich waschen und abtrocknen. Die Hälfte der Butter in einer Pfanne erhitzen und die Nieren darin 5 bis 6 Minuten rundherum anbraten. Herausnehmen, abtropfen lassen und Fettreste, Sehnen und noch vorhandene Kapillaren abschneiden. Die Nieren in ihre natürlichen Segmente teilen und dann halbieren oder vierteln. Restliche Butter in einer Kasserolle erhitzen, Nieren dazugeben, salzen und pfeffern. Mit Senf und Zitronensaft vermischen und bei starker Hitze unter ständigem Rühren 2 Minuten kochen lassen. Wenn nötig nachwürzen. Sofort servieren und mit einigen Kerbelblättern garnieren. Schwenk- oder knusprige Bratkartoffeln passen gut dazu.
Für 3 bis 4 Personen.

LUKAS

Der Evangelist Lukas wurde in Antiochien in Syrien als Sohn griechischer Eltern geboren. Er war Arzt und einer der ersten Nicht-Juden, die sich zum Christentum bekehrten. Mit Paulus, den er auf mehreren Reisen begleitete, landete er in Rom, wo er zwischen 61 und 70 sein Evangelium verfaßte, das sich besonders an nichtjüdische Leser richtet. Es kann sein, daß Lukas die Gottesmutter selbst über manche Einzelheiten befragt hat, denn sein Evangelium enthält eine ausführliche Beschreibung der Geburt Jesu und viele der bekanntesten Passagen des Neuen Testaments, wie zum Beispiel das Gleichnis vom Verlorenen Sohn. Nach dem Tode von Paulus ging Lukas nach Ägypten, um dort zu missionieren. Der Tradition nach war Lukas nicht verheiratet und starb im Jahre 63 im Alter von 84 Jahren. Lukas, der der Überlieferung nach ein Bild Mariens gemalt hat, ist der Patron der Maler, wegen seines Berufs auch der der Ärzte. Seine Reliquien befinden sich in Padua und Konstantinopel. Lukas wird am 18. Oktober gefeiert. Er wird meistens als Evangelist mit seinem Symbol, dem Stier, dargestellt, oder beim Malen der Gottesmutter.

Dieses Rezept eignet sich gut für Partys, bei denen viel getrunken wird.

Lukas-Heringe

4 Salzheringe

Milch

500 ml Mayonnaise

1 EL Senf

1 EL Schalotten, gehackt

1 EL Pfeffergurken, gehackt

1 TL Petersilie, gehackt

Heringe ungefähr 6 Stunden in öfters erneuertem Wasser lassen. Rückgrat entfernen, wenn möglich Haut abziehen, und in mundgerechte Stücke schneiden. Zwei Stunden in Milch legen, dann gut abtrocknen. Die anderen Zutaten zu einer Soße mischen und die Fischstücke darin mindestens 24 Stunden stehenlassen.
Als Hauptgericht mit Salzkartoffeln genug für 2 bis 3 Personen, als Vorspeise mit Brot genug für 5 bis 6.

LUZIA

Luzia erlitt während der Christenverfolgung des Kaisers Diokletian im Jahre 304 in Syrakus das Martyrium. Ihre erste geschichtliche Erwähnung geht auf das Jahr 400 zurück. Der Legende nach war sie eine vermögende Sizilianerin, die ihren Besitz den Armen gab und als keusche Braut Christi mehrere Heiratsanträge ablehnte. Einer der erfolglosen Freier informierte die Behörden von ihrem Glauben, worauf man ihr erst die Augen ausstach und sie dann auf dem Scheiterhaufen verbrannte. In anderen Versionen mißlingt der Versuch, sie in ein Freudenhaus zu verbringen, worauf sie wiederum vergeblich mit siedend heißem Öl übergossen und schließlich erstochen wird. Luzia ist eine besonders in Sizilien und in Schweden beliebte Heilige. Ihr Festtag, der 13. Dezember, wird in Schweden als Lichtfest gefeiert, was vielleicht auf einen alten heidnischen Festtag zurückzuführen ist. Sie ist die Patronin der Blinden, Schneider und Glaser.

Dieses ungarische Rezept benutzt nur Reiswasser, und zwar wegen des Glaubens, daß Getreide und andere Körner gut für die Augen wären. In Italien gibt es ein ähnliches Gericht für denselben Festtag, der auch nur Getreidekörner und Linsen enthält.

Santa Lucia Leves

LUZIA-SUPPE

125 g Reis
2 l Wasser
1 TL Salz
125 g Butter
200 g Schinken, gekocht, gewürfelt
1 Zwiebel, klein, gehackt
65 g Mehl

In einem Topf mit Deckel den Reis mit dem Salz und Wasser so lange kochen, bis der Reis sehr weich ist. In einem anderen Topf die Butter schmelzen und darin den Schinken und die gehackte Zwiebel andünsten, bis die Zwiebel glasig ist. Mehl zugeben und 1 Minute kochen. Reis vom Herd nehmen und das Reiswasser in den anderen Topf mit der Schinken-Zwiebel-Mischung abseihen. Reis zu anderen Zwecken verwenden. Suppe umrühren, bis sie nicht mehr klumpig ist. Suppe zum Kochen bringen, abschmecken und servieren. Für etwa 8 Personen.

Lussekattor

LUZIA-KATZEN

125 g Butter
300 ml Milch
$^1/_4$ TL Safran
1 EL Trockenhefe
150 g Zucker
700 g Mehl
1 Ei, Zimmertemperatur
Rosinen
Salz

Butter, Milch und Safran in einem Topf erhitzen, bis es Körpertemperatur erreicht hat. Mit der Hefe bestreuen, drei Minuten stehenlassen und dann mit Zucker und Mehl zu einem geschmeidigen Hefeteig verarbeiten. Teig zudecken und an einem warmen Platz 30 Minuten gehenlassen. Gut durchkneten und dann den Teig zu 25 bis 30 kleine Bällchen formen. Bällchen zugedeckt für ein paar Minuten stehenlassen. Jedes Bällchen zu 20 cm langen Würsten ausrollen und Figuren wie eine 8 oder ein doppeltes S formen. Das wichtigste bei der Form ist, daß sich ihre Enden treffen. Ein paar Rosinen in den Teig eindrücken, die „Katzen" mit einem feuchten Tuch zudecken und 40 Minuten gehenlassen. Eine Prise Salz in das Ei schlagen und die Katzen mit dieser Mischung bestreichen. Im auf 250° vorgeheizten Herd 5 bis 10 Minuten backen, bis sie goldgelb sind. Ergibt 25 bis 30 Stück.

In Schweden wird der Festtag der Heiligen mit viel Backwerk gefeiert, darunter Lussekattor. Die Form ist ein altes schwedisches Motiv aus vorchristlicher Zeit.

Luzia-Krone

Teig
125 ml Wasser, warm
2 TL Trockenhefe
125 ml Milch, warm
125 g Zucker
4 EL Butter, weich
1 TL Salz
$^1/_8$ TL Safran
500 g Mehl
3 Eier, klein
Glasur und Dekoration
125 g Puderzucker
4 TL Milch
Vanillearoma
Kandierte Kirschen, rot und grün

Die Hälfte des warmen Wassers in einer großen Schüssel mit der Hefe bestreuen und umrühren, bis sie aufgelöst ist. Den Rest des Wassers, die Milch, Zucker, Butter, Salz, Safran und die Hälfte des Mehls unterrühren. Zwei Eier dazugeben und mit dem restlichen Mehl zu einem glatten Teig verarbeiten. Auf einer bemehlten Oberfläche 6 bis 8 Minuten gut durchkneten und dann in eine gefettete Schüssel legen. Teig umdrehen, daß die gefettete Oberfläche oben ist. Zudecken, an einem warmen Platz stehenlassen, bis sich das Volumen des Teigs verdoppelt hat, was ungefähr eine Stunde dauert. Teig etwas ankneten und ein Drittel für die obere Krone nehmen. Diesen Teil wieder in drei gleiche Stücke aufteilen und jedes Stück 40 cm lang ausrollen. Die drei Rollen zu einem Zopf flechten, dann zu einem Kreis formen und mit etwas Wasser zusammenschließen. Das wird für die untere Krone wiederholt, nur müssen die Teile diesmal 75 cm lang ausgerollt werden. Beide Kronen auf zwei gefettete Backbleche legen, zudecken und eine gute Stunde an einem warmen Platz gehenlassen. Das übrige Ei leicht schlagen und damit beide Kronen bestreichen. Im vorgeheizten Herd bei 190° die kleine Krone 15 Minuten und die große 25 Minuten backen. Die große Krone in den letzten 10 Minuten mit Alufolie abdecken, damit sie nicht zu sehr bräunt. Beide Kronen abkühlen lassen. Für die Glasur Puderzucker, Milch und Vanillearoma mischen und glattrühren. In der kleinen Krone Löcher für Kerzen machen. Die kleine Krone auf die große setzen und mit der Glasur oder Zahnstochern befestigen. Kronen mit der Glasur begießen und mit den kandierten Kirschen dekorieren. Die Kerzen in die vorbereiteten Löcher stecken und vor dem Servieren anzünden. Für 12 Personen.

Vor der Kalenderreform war der Festtag der Heiligen der Tag mit der längsten Nacht, der schon vor der Ankunft des Christentums gefeiert wurde.

MANECHILDIS

Manechildis oder Ménéhould, wie sie in Frankreich genannt wird, wurde im sechsten Jahrhundert geboren. Sie war eine der sieben Töchter von Sigmar, dem Grafen von Perthois, die als Heilige in der Champagne verehrt werden. Manechildis wurde Nonne und nahm den Schleier aus den Händen des hl. Alpinus. Sie lebte als Einsiedlerin in Bienville an der Marne, und kümmerte sich um die Armen und Kranken. Ein Ort neben der väterlichen Burg nahm im neunten Jahrhundert zu ihren Ehren den Namen Sainte-Ménéhould an. Ihr Festtag ist der 14. Oktober.

Ein Rezept, das auch mit Huhn, Lamm oder Aal gut schmeckt. In Sainte-Ménéhould werden auf diese Art Schweinefüßchen gekocht.

Lachs Sainte-Ménéhould

1 kg Lachsfiletstücke, ungefähr 3 cm dick
125 ml Weißwein
125 ml Wasser
125 g Butter
1 EL Zwiebel, fein gehackt
1 TL Schnittlauch, fein gehackt
1/2 TL Knoblauch, fein gehackt
1/2 TL Thymian
1/4 TL Basilikum
1 Lorbeerblatt
1 Nelke
1/2 TL Pfeffer
1/2 TL Salz
2 Eigelb
100 g Semmelbrösel
125 g Butter
1 EL Rahm

Die Lachsstücke sollten 3–4cm dick sein und ein Querschnitt. Stücke vom Schwanz sind am besten. Haut von den Lachsstükken entfernen. Die Stücke in einen großen Topf mit Deckel geben, die anderen zwölf Zutaten hinzufügen und bei schwacher Hitze ungefähr 30 Minuten pochieren. Nach einer halben Stunde die Hitze abstellen, aber den Lachs noch etwas in der Flüssigkeit lassen, damit er noch mehr Geschmack annimmt. Dann die Filetstücke vorsichtig aus der Flüssigkeit heben und auf ein Grillblech legen. Wenn der Fisch von seiner eigenen Hitze trocken ist, mit Eigelb bestreichen und mit den Semmelbröseln bestreuen. Die Butter schmelzen und leicht auf die Stücke tropfen. Nochmals mit Eigelb bestreichen, mit Semmelbröseln bestreuen und wieder etwas Butter darauf tröpfeln. Es ist nicht notwendig den Fisch umzudrehen, denn er kann leicht auseinanderfallen. Die Filetstücke im Herd nur leicht bräunen, aber nicht die Semmelbrösel verbrennen. Der Lachs ist schon gar, bevor er in den Herd kommt.

Für die Soße die Kochflüssigkeit abseihen und dann so lange kochen, bis sie die richtige Konsistenz hat. Den Rahm hinzufügen und mit Salz und Pfeffer abschmecken. Reicht für 6 bis 8 Personen.

MARGARETA

Margareta, die bei den Griechen Marina heißt, war der Legende nach die Tochter eines heidnischen Priesters und wurde von ihrer Amme getauft. Als sie sich öffentlich zu Christus bekannte, trieb ihr Vater sie aus dem Haus, und sie wurde Schafhirtin. Der Statthalter von Antiochien sah sie und wollte sie heiraten, aber sie lehnte wegen ihres Glaubens ab. Er ließ Margareta foltern, der Legende nach wurde sie im Kerker auch von einem Drachen bedroht, der aber floh, als sie das Kreuzzeichen machte. Schließlich wurde sie enthauptet. Vor ihrem Tode versprach sie, daß alle, die sie um Hilfe anrufen, große Belohnungen im Himmel erwarten können. Das spornte ihre Verehrung an und erklärt zum Teil ihre Beliebtheit. Margareta zählt zu den Vierzehn Nothelfern, ihr Festtag ist der 20. Juli. Sie ist die Patronin der Ammen und Gebärenden, der Mädchen und Ehefrauen. Besonders wegen der Drachenlegende war sie bei den Künstlern sehr beliebt.

Als Vorspeise in der Avocadoschale oder als Brotaufstrich geeignet.

Avocado Sainte-Marguerite

500 g Kabeljau, so frisch wie möglich
2 Zitronen
Salz und Pfeffer
3 Avocados
2 Zwiebeln, mittelgroß, fein gehackt
3 Tomaten, klein, fein gehackt
2 EL frische Kräuter, gemischt, fein gehackt
1 EL süße, eingemachte Gurken, klein geschnitten
1 EL Kapern
2 Eigelb
2 TL Senf, scharf
200 ml Olivenöl
1 EL Worcestersauce

Gräten und Haut vom Fisch entfernen, in dünne Scheiben schneiden, mit etwas Salz bestreuen, den Saft einer Zitrone darübergießen und eine gute Stunde in den Kühlschrank stellen. Die Avocados in der Mitte durchschneiden, den Kern entfernen und das Fleisch mit einem Teelöffel aushöhlen und aufheben. Eine 2 mm dicke Fleischschicht auf der Innenseite stehenlassen. Mit dem Saft der anderen Zitrone die Innenseiten der Avocados bestreichen, daß sie sich nicht verfärben. Das Avocadofleisch und den Fisch fein schneiden oder in einer Küchenmaschine zerkleinern, gut mischen. Die anderen Zutaten auch fein hacken. Für die Mayonnaise die Eigelbe in den Mixer geben und beim Drehen langsam das Olivenöl und die Worcestersauce hineingießen. Zur Not Senf und Worcestersauce mit fertiger Mayonnaise mischen. Fisch-Avocado-Mischung mit der Mayonnaise und den anderen Zutaten mischen und abschmecken. Eventuell nachwürzen. Die Avocadoschalen mit der Mischung füllen und 2 bis 3 Stunden im Kühlschrank stehenlassen, damit sich die Geschmäcker vereinigen. Vor dem Servieren mit Pfeffer bestreuen und mit Tomatenscheiben dekorieren. Mit Butter und Roggenbrot servieren. Als Vorspeise genug für 6, als kleine Häppchen auf Brot genug für 16 bis 20 Personen.

MARIA MAGDALENA

Maria Magdalena wird in den Evangelien oft erwähnt: Zuerst trieb ihr Jesus sieben Dämonen aus, dann schloß sie sich seinem Gefolge an und war bei der Kreuzigung, Kreuzabnahme und Beisetzung Jesu anwesend. Am Ostermorgen ging sie zum Grab, um den Körper zu salben, und war die erste, die dem Auferstandenen begegnete. In der Ostkirche wird erzählt, daß sie mit der Gottesmutter Maria und dem Evangelisten Johannes nach Ephesus zog und dort starb. In Frankreich gibt es eine Legende, der nach sie mit den Geschwistern Marta und Lazarus von Betanien in Marseille landete, wo sie missionierten. Wegen ihrer Anwesenheit bei den wichtigen Ereignissen im Leben Jesu ist sie auf vielen Darstellungen der christlichen Kunst zu finden und mit ihren langen Haaren leicht zu erkennen. Ihr Festtag ist der 22. Juli, sie ist Patronin der reuigen Büßerinnen, der Gefangenen, Gärtner und Friseure.

Rindsbraten St. Magdalena mit Kartoffelnudeln

Braten
2 kg Rinderbraten, knochenfrei
2 kg Kalbsknochen
Wurzelgemüse
Gewürzkräuter
1 l Weißwein (St. Magdalener natürlich)
1 EL Tomatenmark
220 g Salzspeck
2 Essiggurken
50 g Trockenpilze
Salz und Pfeffer
Kartoffelnudeln
1 kg Kartoffeln, gekocht und gepreßt
300 g Mehl
2 Eigelb
Salz und Muskat

Das Fleisch mit dem Speck spicken, auf allen Seiten würzen, schön braun anbraten und in einen passenden Topf geben.
Die kleingehackten, abgerösteten Kalbsknochen, das geröstete Wurzelgemüse, die gehackten Essiggurken, die Gewürzkräuter und die Trockenpilze über das Fleisch geben, alles gut heiß werden lassen, mit dem Wein ablöschen, Tomatenmark und etwas Fleischbrühe beifügen und zugedeckt im Rohr bei ca. 200° schmoren lassen. Fleisch herausnehmen, Soße entfetten, mit etwas Mehl binden und passieren.

Die Zutaten für die Nudeln zu einem Teig verarbeiten, kleine Nudeln formen, in Salzwasser kurz aufkochen, in kaltes Wasser geben, abseihen und in Butter heiß schwenken. Genug für 10 Personen.

MARKUS

Der Evangelist Markus wird im Neuen Testament mehrere Male erwähnt, sei es als Markus oder Johannes Markus. Er begleitete Paulus auf seinen Reisen und predigte mit Barnabas, der sein Vetter war, auf Zypern. Später war er mit Paulus auch in Rom. Petrus schätzte Markus sehr und nannte ihn in seinen „Sohn". Sein Evangelium, das sich an die Schilderung der Ereignisse durch Petrus hält, schrieb Markus in Rom. Eine alte Tradition behauptet, daß Markus nach Alexandrien ging und dort um 70 das Martyrium erlitt. 829 überführte man seinen Leichnam nach Venedig, wobei sich viele Wunder ereignet haben sollen. Seine Reliquien befinden sich in der Basilika San Marco in Venedig, und Markus ist der Schutzheilige der Stadt. Auch die Insel Reichenau besitzt eine Markus-Reliquie und feiert ihren Patron mit einem Fest. Weil man ihn als ersten Bischof von Alexandrien verehrt, ist Markus auch der Patron Ägyptens. Sein Festtag ist der 25. April. In der Kunst wird er meistens als Evangelist mit seinem Symbol, dem geflügelten Löwen, dargestellt.

Pasta San Marco

Soße
3 El Olivenöl
1 kg Hühnerfleisch, ohne Haut und in Würfel geschnitten
2 Karotten, geschält und gewürfelt
2 Zwiebeln, mittelgroß, grob gehackt
1 TL Knoblauch, fein gewiegt
$^{1}/_{4}$ l Hühnerbrühe
750 g Pflaumen- oder Flaschentomaten aus der Dose
1 TL Oregano
1 TL Rosmarin
$^{3}/_{4}$ TL Pfeffer, schwarz
1 EL Mehl
Nudeln
675 g Fettuccini
1 EL Olivenöl
Gemüse
150 g grüne Pfefferschoten, in Streifen geschnitten
150 g rote Pfefferschoten, in Streifen geschnitten
300 g Broccoli, in kleine Stücke geteilt
150 g Zucchini, in Scheiben geschnitten
150 g gelber Kürbis
3 EL Olivenöl

In einem großen Topf das Öl erhitzen und die Hühnerstücke unter häufigem Umdrehen 5 bis 6 Minuten leicht anbräunen, Karotten und Zwiebel hinzugeben und glasig dünsten. Knoblauch zugeben und 1 Minute anrösten. Die Hühnerbrühe dazugießen und alle angebackenen Teile vom Pfannenboden entfernen, dann den Rest der Zutaten in den Topf geben und bei schwacher Hitze 10 Minuten zugedeckt kochen lassen, bis die Hühnerstücke zart, aber nicht weich sind. Ab und zu umrühren. Soße abschmecken und warmhalten.

In der Zwischenzeit die Nudeln kochen. Wenn sie fertig sind, im Öl wenden, daß sie nicht zusammenkleben.

In einer Pfanne das Öl für das Gemüse erhitzen, das vorbereitete Gemüse darin leicht andünsten, daß es etwas weich wird, aber noch bißfest bleibt. Nudeln, Gemüse und Soße in einer großen Schüssel gut durchmischen und sofort servieren. Reicht für 8 hungrige Personen.

MARTA

Marta, ihre Schwester Maria und ihr Bruder Lazarus werden in den Evangelien von Lukas und Johannes erwähnt. Als Jesus ihr Haus in Betanien besuchte und Maria ihm zuhörte, tadelte Marta Jesus, daß er Maria nicht auffordere, ihr im Haus zu helfen. Jesus antwortete, daß Maria das einzig Notwendige tue. Marta wird wieder im Lukasevangelium bei der Auferweckung des Lazarus erwähnt, als sie Jesus als den Sohn Gottes erkannte. Im ersten Millenium war Marta nicht von großer Bedeutung, aber das änderte sich im 12. Jahrhundert, als die Reliquien einer persischen Nonne mit demselben Namen in die Provence gelangten. Von daher rührt vermutlich die Legende, daß Marta und ihre Geschwister dort wirkten und Lazarus der erste Bischof von Marseille gewesen sei. Marta ist die Patronin der Hausfrauen und Dienerinnen, und sie wird oft mit einem Kochlöffel, einem Besen oder einem Schlüsselring dargestellt. Ihr Festtag ist der 29. Juli.

Kürbistorte Sainte-Marthe

Teig
1 Ei
200 g Mehl
50 g Zucker
100 g Butter
1 Prise Salz
1 EL Milch oder Wasser
1 Päckchen Vanillezucker
Füllung
3 Eier
200 g Zucker
375 g Kürbispüree
125 ml Milch
1/2 TL Salz
1/2 TL Ingwer, gemahlen
1/2 TL Zimt
1/2 TL Muskatnuß, gerieben
4 EL Wasser, kalt
1 1/2 EL Gelatinepulver

Die Zutaten für den Teig zu einem guten Mürbteig verarbeiten, eine Springform von 25 cm Durchmesser mit dem Teig auslegen und einen 5 cm hohen Rand hochziehen. Im Backherd bei 200° 20 bis 25 Minuten leer backen. Abkühlen lassen. Eier trennen, Eiweiß schnittfest schlagen, die Hälfte des Zuckers einrühren, bis der Eischnee fest ist und glänzt. In einer anderen Schüssel werden die Eigelbe mit dem Rest des Zuckers so lange geschlagen, bis die Mischung dick und blaßgelb ist. Kürbis, Milch, Salz, Ingwer, Zimt und Muskatnuß dazugeben und umrühren, bis alles gut vermischt ist. Die Kürbismischung im Wasserbad erhitzen und ungefähr 7 bis 8 Minuten einkochen lassen, bis sie sich verdickt hat. Die Gelatine auf das kalte Wasser streuen und 5 Minuten stehenlassen, dann unter die Kürbismischung rühren. Mischung auf Zimmertemperatur abkühlen lassen und dann den Eischnee vorsichtig unterheben. Füllung in die Form gießen und 4 Stunden im Kühlschrank stehenlassen. Nach Belieben mit Schlagrahm dekorieren.
Für 6 Personen.

In Amerika wird an Erntedank ein gebratener Truthahn und zum Nachtisch eine Kürbistorte gegessen. Dieses Rezept stammt aus Québec und ist leicht herzustellen, vor allem, wenn man einen vorgebackenen Boden hat.

MARTIN

Martin von Tours wurde um 316 in Ungarn als Sohn eines römischen Tribunen geboren. Er wurde in Pavia erzogen, trat mit 15 Jahren in die römische Armee ein und diente in Gallien in der kaiserlichen Garde. Aus dieser Zeit stammt die bekannte Episode, daß er seinen Mantel mit einem Bettler teilte, der sich im Traum als Christus zu erkennen gab. Martin wollte Christ werden, erfaßte aber den Widerspruch zum Soldatendasein. Er verließ unter Schwierigkeiten das Militär, ging zum hl. Hilarius nach Poitiers, wurde getauft und ging als Missionar nach Ungarn und Italien. Nach Hilarius' Rückkehr aus dem Exil schloß Martin sich ihm in Poitiers wieder an und gründete eine Einsiedelei, aus der sich das erste Kloster in Frankreich entwickelte. 372 wurde er Bischof von Tours, lebte aber weiterhin wie ein Mönch und gründete viele Klöster. Sein Einfluß auf die Entwicklung des Mönchtums in Europa war sehr groß. Martin starb im Jahre 397 und wurde zu einem der populärsten Heiligen des Mittelalters, der erste, der kein Märtyrer war. Sein Festtag ist der 11. November, er ist der Patron der Soldaten und einer der Schutzheiligen Frankreichs. In der Kunst wird meistens das Mantel-Wunder dargestellt.

Martinstorte

4 Eier
100 g Zucker
3 EL heißes Wasser
75 g Mehl
50 g Speisestärke
1/2 TL Backpulver
500 ml Sahne
1 Päckchen Sahnesteif
3 EL Puderzucker
2 Päckchen Vanillezucker
75 g Mandeln, geschält, gemahlen
5 EL Weinbrand
750 g blaue Weintrauben

Eigelb mit Zucker und Wasser schaumig rühren. Eiweiß steif schlagen. Mehl, Speisestärke und Backpulver mischen, mit dem Eischnee auf die Eigelbcreme geben und locker daruntermischen. Den Boden einer Springform (25 cm Durchmesser) mit Backpapier belegen, den Teig hineinfüllen und bei 180° 35 Minuten backen. Die Sahne mit dem Sahnesteif steifschlagen und dann Puderzucker, Vanillezucker und Mandeln daruntermischen. Den kalten Tortenboden halbieren, mit Weinbrand beträufeln und mit der Hälfte der Sahne und den entkernten Trauben füllen. Die andere Hälfte zum Garnieren verwenden.

Martinsente

1 Jungente
100 g Butter
1 EL Cognac
1 TL Majoran
1 Prise gemahlener Kümmel
Füllung
1 Entenleber
1 aufgeweichtes Brötchen
125 g Speck, fein geschnitten
100 g Sardellenfilets
3–4 Stiele von Steinpilzen
1 Messerspitze Muskat
1 Messerspitze Thymian
2 Lorbeerblätter

Die bratfertig hergerichtete Ente innen mit Salz, Majoran und Kümmel einreiben. Dann die Füllung aus vermengter Entenleber, dem aufgeweichten Brötchen, Speck, Sardellenfilets, Steinpilzstielen und den restlichen Gewürzen hineingeben. Die Butter im Bratentopf zerlaufen lassen und die Ente bei geöffneter Pfanne von allen Seiten ein wenig anbraten. Erst jetzt auf die Brustseite legen und bei geschlossenem Topf eine Viertelstunde bei mittlerer Hitze (170°) braten. Dann die Ente wenden, mit dem Bratensaft übergießen und auf der anderen Seite weitere 15 Minuten braten. Diese Prozedur mehrmals wiederholen, bis ein leichter Druck auf den Schenkel zeigt, daß sie gar ist. Zum Schluß wird die Ente auf allen Seiten mit Cognac bepinselt und für ein paar Minuten in das Rohr geschoben. Rotkraut und Salzkartoffeln sind die idealen Beilagen.

Krabbenfleisch St. Martin

500 g Krabbenfleisch
125 g Butter
6 EL Zwiebel, fein gehackt
6 EL Stangensellerie, fein gehackt
6 EL Frühlingszwiebel, fein gehackt
1 EL Knoblauch, fein gehackt
2 EL Mehl
750 ml Sahne
2 EL Weißwein, trocken
1 EL Zitronensaft
1 Spritzer Tabasco
50 g Parmesankäse, gerieben
Salz und Cayennepfeffer
100 g rote Paprikaschote, in Würfel geschnitten
4 EL Petersilie, fein gewiegt

In einem Topf (3 l) die Butter schmelzen, Zwiebel, Stangensellerie, Knoblauch und Frühlingszwiebel dazugeben und fünf Minuten dünsten, bis das Gemüse weich ist, aber nicht braun. Mehl darüber streuen und gut einrühren. Mit einem Schneebesen die Sahne gut unterrühren, bis eine dicke, cremige Soße entsteht. Die Hitze auf schwach stellen und den Weißwein, Zitronensaft, Tabasco und Käse hinzufügen. Die Mischung immer umrühren, daß die Soße nicht anbrennt. Mit Salz und Pfeffer abschmecken. Um etwas mehr Farbe zu erhalten, die roten Paprikawürfel untermischen. Wenn die Mischung zu dick wird, noch etwas Sahne hinzufügen. Vom Herd nehmen und das Krabbenfleisch vorsichtig in die Soße heben.
Auf 6 bis 10 kleine Schüsseln verteilen, mit Petersilie dekorieren und mit Croutons servieren.

MAURITIUS

Mauritius oder Moritz war Offizier der Thebäischen Legion, in der viele Christen aus Oberägypten Dienst taten. Unterwegs durch die Schweiz, um einen Aufstand der einheimischen Christen zu unterdrücken, verweigerten er und seine Gefährten ein Götzenopfer, und Kaiser Maximian ließ die Legion dezimieren, bis alle getötet waren. Das war um 302, und die Legende spricht von mehreren tausend Soldaten. Das Martyrium der Thebäischen Legion hat bei allen Ausmalungen, die aus dem fünften Jahrhundert stammen, eine historische Basis. Eine Kirche zur Aufbewahrung der Reliquien wurde im heutigen St. Maurice-en-Valois gebaut, die von Mauritius sind heute über ganz Europa verstreut. Sein Festtag ist der 22. September. Er ist der Schutzpatron der Soldaten, Weber und Färber. Er ist auch der Patron von Sardinien und Piemont in Norditalien. In der Kunst wird Mauritius meistens als dunkelhäutiger Soldat inmitten seiner Gefährten dargestellt.

Kalbsschnitzel St. Moritz

750 g Kalbsschnitzel, dünn geschnitten
4 EL Weißwein
2 EL Stärkemehl
1 EL Curry
1 Zwiebel, mittelgroß, fein gehackt
60 g Butter
750 ml Kalbs- oder Hühnerbrühe
Salz und Pfeffer
Knoblauchsalz

Zwiebeln feinhacken und in der Hälfte der Butter andünsten, bis sie glasig sind. Eine Prise Knoblauchsalz dazugeben. Das Stärkemehl mit dem Curry vermischen und zu den Zwiebeln geben. Gut umrühren, bis alles schön vermischt ist. Langsam über schwacher Hitze die Brühe dazugießen und dabei fest umrühren, bis sich die Soße leicht verdickt. Mit Salz und Pfeffer abschmecken. Den Wein dazugeben und eventuell noch mehr Curry. Die Soße in eine Auflaufform mit Deckel gießen.
Das Fleisch in mundgroße Stücke schneiden, leicht salzen und pfeffern und im Rest der Butter in einer Pfanne leicht anbräunen. Das Fleisch zur Soße in die Form geben und in einem vorgeheizten Ofen bei 170° für mindestens eine Stunde. Ab und zu umrühren. Wenn es trocken aussieht, etwas mehr Brühe dazugießen, damit es genug Soße gibt. Mit Reis servieren und kleine Teller mit Kokosraspeln, gehackten Erdnüssen oder Mandeln mit hinstellen. Ein indischer Chutney schmeckt auch gut dazu. Reicht für 6 Personen.

MICHAEL

Michael wird in der Bibel als Erzengel und Schutzherr Israels bezeichnet sowie als Hauptgegner Satans. Seine Darstellung mit Flammenschwert und dem besiegten Drachen zu seinen Füßen ist weit verbreitet. Seine Verehrung im Westen nahm nach seiner Erscheinung am Monte Gargano im fünften Jahrhundert sehr zu. Das bekannte Benediktinerkloster am Mont Saint-Michel wurde zum Gedenken an eine weitere Erscheinung im siebten Jahrhundert gebaut. Als Engel im Kampf für das Gute war Michael vor allem während der Kreuzzüge sehr beliebt, und viele Künstler ließen sich von seiner Gestalt inspirieren. Viele Darstellungen zeigen ihn auch beim Abwiegen der guten und bösen Taten der Verstorbenen. Michael ist der Patron des deutschen Volkes, der Ritter und der Kaufleute. An seinem Festtag am 29. September begannen einst neue Dienstverhältnisse.

Muscheln Saint-Michel

1 kg Miesmuscheln
125 ml Weißwein, trocken
1 Zwiebel, klein, fein geschnitten
1 Schalotte, fein geschnitten
3 Petersilienzweige
1 Thymianzweig
1 Lorbeerblatt
1 Prise Pfeffer
3 EL Butter
Soße
1 EL Butter
1 EL Mehl
1 EL Petersilie, fein geschnitten
1 EL Kerbel, fein geschnitten
1 TL Senf

Die Muscheln gründlich waschen, Bart entfernen. Muscheln, Wein und die anderen Zutaten in einen Topf geben, zudecken und bei starker Hitze zum Kochen bringen. Nach 2 oder 3 Minuten den Topf etwas schütteln. Nach 6 Minuten sollten sich alle Muscheln geöffnet haben. Ungeöffnete Muscheln wegwerfen. Flüssigkeit abseihen und für die Soße verwenden. In einem kleinen Topf schmilzt man die Butter und läßt das Mehl eine Minute kochen.
Die Flüssigkeit der Muscheln dazugießen, die Kräuter und den Senf dazugeben und so lange rühren, bis die Soße glatt ist.
Von jeder Muschel eine Schale entfernen und mit den vollen Hälften eine Pyramide auf dem Teller bauen, Soße darübergießen und servieren. Schmeckt am besten mit Baguette und Weißwein.

Croustilles Saint-Michel

FISCH-SANDWICH

Füllung

500 g Weißfischfilets

$^{1}/_{2}$ l Fischbrühe

4 EL Butter

1 Karotte, mittelgroß, fein gewiegt

1 Stangensellerie, fein gewiegt

1 Zwiebel, mittelgroß, fein gehackt

4 EL Mehl

1 Lorbeerblatt

125 ml Weißwein, trocken

1 TL Paprika, süß

Salz und Pfeffer

Sandwich

12 Scheiben Kastenweißbrot

4 Eier

125 g Butter

Die Fischsoße kann am Vortag vorbereitet werden und braucht vor dem Essen nur noch aufgewärmt zu werden. Den Fisch in der Brühe leicht kochen, bis er gar ist. Brühe abseihen und aufheben. Den Fisch mit der Gabel in kleine Stücke brechen. Butter in der Pfanne schmelzen, die Karotten, Stangensellerie und Zwiebel gut braun anrösten, dann Mehl zufügen und noch eine Minute kochen. Lorbeerblatt und Fischbrühe dazugeben und so lange kochen, bis nur noch 375 ml vorhanden sind. Wein und Paprika dazu, mit Salz und Pfeffer abschmecken, Lorbeerblatt entfernen. Im Mixer alles fein pürieren, daß eine dicke Soße entsteht. Fisch hineinrühren und warmhalten. Nach Belieben kann die Kruste vom Brot abgeschnitten werden. Fischsoße nicht zu dick auf eine Scheibe streichen, mit einer anderen Scheibe zudecken, in die verquirlten Eier tauchen. Butter in der Pfanne schmelzen und den Sandwich darin schon bräunen. Noch heiß servieren. Für 6 Personen.

Lammkoteletts Saint-Michel

Soße
1 Lorbeerblatt
Petersilienzweig
Thymianzweig
1 Zwiebel, klein
6 Pfefferkörner
250 ml Milch
1 EL Butter
1 EL Mehl
Salz und Pfeffer
Fleisch
12 Lammkoteletts
Salz und Pfeffer
Mehl
4 EL Butter
1 Zwiebel, mittelgroß, fein gewiegt
6 Artischockenböden, gekocht
6 vorgebackene kleine Teigschüsseln, nach Belieben
1 Zitrone zum Dekorieren

Die ersten sechs Zutaten für die Soße in einem Topf langsam zum Kochen bringen, vom Herd nehmen und ein paar Minuten stehenlassen. Milch in einen Behälter abseihen. Butter in einem Topf schmelzen, Mehl zugeben und eine Minute kochen lassen. Topf vom Herd nehmen und die Milch unter ständigem Umrühren dazugeben, bis sich die Soße verdickt. Mit Salz und Pfeffer abschmecken.

Die Koteletts leicht salzen und pfeffern, im Mehl wenden und in 3 Eßlöffel Butter gut bräunen. Koteletts auf eine Servierplatte legen und warm halten. Mit dem Rest der Butter die Zwiebel und die geviertelten Artischockenböden leicht anbraten, aber nicht bräunen. Diese Mischung dann in die Soße einrühren, auf die sechs Teigschüsseln verteilen und auf die Servierplatte stellen. Mit der Zitrone dekorieren. Wenn keine Teigschüsseln verwendet werden, je zwei Koteletts direkt auf den Teller legen und ein paar Löffel Soße danebensetzen. Für 6 Personen.

NIKOLAUS

Nikolaus war im vierten Jahrhundert Bischof von Myra im Südwesten der Türkei. In der Ostkirche wird er seit dem sechsten Jahrhundert verehrt. Die Biographie von Methodius aus dem neunten Jahrhundert enthält alle heute noch bekannten Legenden. Im Jahre 1087 retteten Kaufleute seine Reliquien vor den Moslems und brachten sie nach Bari, wo Papst Urban II. ihm zu Ehren eine Basilika weihte, weswegen er auch Nikolaus von Bari genannt wird. Seine Verehrung ist in ganz Europa verbreitet, besonders in Holland, Belgien und Deutschland. Nikolaus wird immer als Bischof gezeigt. Er ist Patron von Rußland und Griechenland sowie Schutzpatron der Kinder, Parfümhändler, Seeleute und Pfandleiher. Alle diese Patronate hängen mit seiner Vita zusammen. Der Festtag von Nikolaus ist der 6. Dezember.

Nikolausstiefel

Teig
1 TL Trockenhefe
1 TL Zucker
150 ml Milch, lauwarm
500 g Mehl
75 g Butter
75 g Zucker
1 Päckchen Vanillezucker
1 Ei
1 Prise Salz
Glasur
1 Eigelb
1 EL Milch
Dekoration
Sesam, Mohn, Mandeln, Sonnenblumenkerne, Puderzucker, Lakritz, Gummibärchen u. a. Süßigkeiten nach Belieben

Die Hefe und einen Teelöffel Zucker mit der Milch sorgfältig anrühren und 15 Minuten bei Zimmertemperatur stehenlassen. Mehl in eine Schüssel sieben, Butter zerlassen. Zucker, Vanillezucker, Salz, Ei, Butter und die angerührte Hefe dazugeben. Die Mischung zu einem guten glatten Teig kneten. An einem warmen Ort gehenlassen, bis sich die Menge verdoppelt hat. In der Zwischenzeit einen Stiefel aus Pappe als Schablone ausschneiden, der etwa 40 cm lang ist. Teig etwa 1 cm dick in L-Form ausrollen und die Schablone darauflegen. Stiefel aus dem Teig schneiden, auf ein gefettetes Blech legen und mit dem mit Milch verdünnten Eigelb bestreichen. Aus einem Teil des Teigrestes Rollen formen, um Stulpen und Absatz zu formen. Den Stiefel damit belegen. Den Stiefel mit dem restlichen Eigelb bestreichen, mit Mohn, Sesam und Leinsamen, Sonnenblumenkernen, Mandeln und Nüssen belegen. Den Backofen auf 200 bis 220° vorheizen und den Stiefel 20 bis 25 Minuten backen. Nach Belieben noch mit Puderzucker und anderen Süßigkeiten belegen, die mit Zuckerguß angeklebt werden können.

Ein traditionelles polnisches Rezept für Honigplätzchen zu Nikolaus.

Ciastka Miodowe

HONIGPLÄTZCHEN

125 ml Honig
125 g Zucker
3 Eier
500 g Mehl
1 TL Natriumbikarbonat
1/2 TL Zimt
1/4 TL Muskatnuß
1/4 TL Nelken
1/4 TL Ingwer, gemahlen
50 Mandelhälften, ohne Schale

Den Honig leicht wärmen und mit dem Zucker mischen. Zwei der Eier trennen. Zwei Eigelbe und ein ganzes Ei in die Honigmischung einrühren, bis alles gut gemischt ist. Ein Eiweiß für den nächsten Tag aufheben. Mehl mit dem Natriumbikarbonat und den Gewürzen darübersieben und zu einem Teig verarbeiten, der über Nacht ruhen soll.

Den Teig 6 mm dick ausrollen, verschiedene Formen ausschneiden. Mit dem vom Vortag aufgehobenen Eiweiß bestreichen und eine halbe Mandel darauflegen. 15 bis 30 Minuten bei 190° backen. Ergibt etwa 50 Plätzchen.

Dieser mit Zimt gewürzte Apfelkuchen aus der Normandie schmeckt noch etwas warm am besten.

Tarte Normande Saint-Nicolas

APFELKUCHEN SANKT NIKOLAUS

Teig
250 g Mehl
1 EL Zucker
1 Prise Salz
4 EL Butter
4 EL Backfett
5 EL Wasser, eiskalt
1 TL Zitronensaft
Füllung
250 g Äpfel, sauer
750 g Äpfel, süß
250 g Zucker
1 1/2 TL Zimt
150 g Butter
1 Päckchen Vanillezucker
2 Eier
100 g Mehl
1/2 TL Backpulver
2 EL Aprikosenmarmelade
50 g Rosinen

In einer Schüssel Mehl, Zucker und Salz mischen, die in kleine Würfel geschnittene Butter und das Backfett mit den Fingern hineinreiben, bis die Mischung wie Semmelbrösel aussieht. Eiswasser und Zitronensaft dazugießen, zu einem Teig verarbeiten, in Plastikfolie einwickeln und mindestens 1 Stunde im Kühlschrank aufheben. Den Teig ausrollen, eine 25 cm große Springform mit dem Teig auskleiden und einen 6 cm hohen Rand hochziehen. Kaltstellen, bis die Füllung fertig ist. Saure Äpfel schälen, entkernen, vierteln und mit 2 Eßlöffeln Wasser, 2 Eßlöffeln Zucker und dem Zimt zu Mus kochen. Süße Äpfel schälen, entkernen, würfeln und in einer Pfanne mit 3 Eßlöffeln Butter, 5 Eßlöffeln Zucker und dem Vanillezucker etwa 10 Minuten andünsten. Abkühlen lassen. Die übrige Butter mit dem Rest des Zuckers schaumig schlagen und ein Ei nach dem anderen gut unterrühren. Apfelmus, Mehl und Backpulver dann dazugeben. Herd auf 200° vorheizen. Mit der Aprikosenmarmelade den Boden bestreichen, die Rosinen darauflegen und mit den gewürfelten süßen Äpfeln bedecken. Die Apfelmus-Ei-Mischung in eine Spritztüte mit großer Tülle füllen und eine Spirale obenauf spritzen, die alle gewürfelten Äpfel bedeckt. 30 Minuten lang backen, vom Herd nehmen, 15 bis 20 Minuten abkühlen lassen, aus der Form nehmen, mit Puderzucker bestreuen und noch warm servieren. Für 8 bis 10 Personen.

NINIAN

Ninian ist außerhalb von Schottland und Neuschottland nicht sehr bekannt. Er war ein Missionsbischof, der im fünften Jahrhundert in Schottland bei den Pikten wirkte. Von Beda dem Ehrwürdigen wissen wir, daß er in Rom „den Glauben und das Geheimnis der Wahrheit" gelernt hat. Im Jahre 420 baute er eine Kirche aus Stein im heutigen Whithorn. Archäologische Ausgrabungen haben erbracht, daß der Mörtel weiß *(white)* war, daher der Name des Ortes. Über Ninians Leben verfaßte bereits ein Mönch im achten Jahrhundert ein Gedicht. Sein Grab war ein beliebtes Pilgerziel und wurde erst im 16. Jahrhundert zerstört. Mit den Schotten kam im 18. und 19. Jahrhundert auch die Verehrung Ninians in die Neue Welt, wo sich einige Kirchen befinden, die nach ihm benannt sind. Er wird gewöhnlich als Bischof oder Priester dargestellt, sein Festtag ist der
16. September.

St. Ninian's Gingery Muffins

INGWER-MUFFINS

200 g Mehl
1 TL Backpulver
1/4 TL Salz
1/4 TL Zimt
1/4 TL Muskat, gerieben
1/4 TL Kardamom
1 TL Ingwer, gemahlen
175 g Sirup, braun
75 g brauner Zucker
4 EL Butter
125 ml heißes Wasser
1 Ei

Den Herd auf 200° vorheizen. Mehl, Backpulver, Salz und Gewürze in eine Schüssel sieben. In einer anderen Schüssel den Sirup, braunen Zucker, Butter und das heiße Wasser mischen. Die flüssige Mischung langsam in die Mehlmischung geben und umrühren, dann auch das Ei unterrühren. Der Teig kann ruhig etwas klumpig sein. Den Teig in kleine Formen füllen und auf der mittleren Schiene des Herdes 20 bis 25 Minuten backen. Gibt 12 bis 15 Küchlein.

ODO

Odo, 878 in Aquitanien als Sohn eines Adeligen geboren, wurde am Hof Wilhelms des Frommen erzogen und mit 19 Jahren Geistlicher in Tours. Im Alter von 30 Jahren nahm ihn Berno in das Benediktinerkloster Baume auf, und er wurde sein Nachfolger als Abt zuerst von Baume, 927 von Cluny. Unter Odos Leitung kam es zur cluniazensischen Klosterreform. Er war häufig in Rom, wo er dem Papst bei Streitigkeiten zwischen Adeligen half. Auf Odo geht der Begriff „Mutter der Barmherzigkeit" für Maria zurück, und er führte den Allerseelentag ein, der sich in der ganzen Kirche verbreitete. Er verfaßte auch mehrere Schriften, die seinen Ruf in Europa begründeten. Odo starb 942 auf dem Weg nach Rom in Tours. Ein Patron der Musiker, wird er immer als Abt dargestellt, sein Festtag ist der 18. November.

Ein Rezept aus Kalifornien, wo Artischocken sehr gut gedeihen und beliebt sind.

Pasta Sankt Odo

75 ml Olivenöl, gute Qualität

1 Zwiebel, mittelgroß, dünn geschnitten

Pfeffer, schwarz, frisch gemahlen

2 EL Petersilie, fein gehackt

1 Knoblauchzehe, fein gewiegt

75 ml Zitronen- oder Limettensaft

1 TL Zucker

1 Dose Artischockenböden in Wasser

250 g Gemellinudeln oder andere Nudeln

250 g Feta mit Kräutern und Knoblauch

Die Zwiebel, Petersilie und Knoblauch im Öl andünsten, bis die Zwiebel glasig ist. Zitronensaft mit Zucker vermischen. Artischocken und Zitronensaft mit der gekochten Zwiebel vermischen, etwas frischgemahlenen schwarzen Pfeffer dazugeben. Die Soße über die gekochten und abgetropften Nudeln gießen, den Käse zerbröckeln und gut umrühren. Sofort servieren. Für 6 Personen.

PATRICK

Patrick wurde um 390 an der Westküste Britanniens geboren. Sein Vater war Diakon und sein Großvater Priester. Als Patrick 16 Jahre alt war, wurde er von irischen Piraten gefangen und als Sklave nach Irland verkauft, wo er Schafe hütete. In dieser Zeit fand er zum Glauben und zur Einsicht, in Irland missionieren zu müssen. Ihm gelang die Flucht, und er kehrte, innerlich geläutert, über Gallien in seine Heimat zurück. Er studierte, wurde zum Priester geweiht und folgte im Jahre 435 Palladius als Bischof von Irland nach. Seine Missionstätigkeit konzentrierte sich auf den Norden Irlands, wo er die Kirche in Diözesen organisierte. Patrick starb um 461, drei seiner Schriften sind erhalten, darunter seine sehr persönliche „Confessio", die ihn als bescheidenen Mann mit viel Gottvertrauen und großer Besorgnis für seine Gemeinde zeigt. Patrick benutzte ein Kleeblatt, um die Dreifaltigkeit zu erklären, weswegen an seinem Festtag, dem 17. März, alle Iren eines tragen. Patrick ist der Patron Irlands, das er von den Schlangen befreite, was in vielen Darstellungen wiederkehrt.

St. Patrick's Drunken Fisherman's Pie

AUFLAUF MIT MEERESFRÜCHTEN UND BIER

300 ml Bier, am besten irisches Ale
1 EL Senf
500 g Meeresfrüchte (Mischung aus Fisch, Krabben, Miesmuscheln, Jakobsmuscheln)
200 g Fisch, geräuchert (am besten Lachs)
150 g Lauch
150 g Champignons
4 EL Petersilie, gehackt
3 EL Butter
150 g Pastinaken oder Karotten
1 Zwiebel, fein gewiegt
375 ml Milch
4 Nelken
1 Lorbeerblatt
3 EL Mehl
1 EL Zitronensaft
Salz und Pfeffer

Belag

750 g Kartoffeln, neu
2 EL Butter
125 ml Milch
1 TL Salz
$^1/_2$ TL Pfeffer
125 g milder Käse, gerieben

Bier mit Senf mischen und über die Meeresfrüchte (nicht über den geräucherten Lachs) gießen, dann eine Stunde im Kühlschrank stehenlassen. Kartoffeln gründlich waschen und dann in der Haut so lange kochen, bis sie weich genug für einen Kartoffelbrei sind. Lauch in 1 cm lange Stücke schneiden, gewaschene Champignons dünn schneiden. Pastinaken schälen und in dünne Scheiben schneiden. Die Hälfte der Butter bei Mittelhitze in einer Pfanne schmelzen, Lauch und Champignons andünsten, bis sie anbräunen, dann die Pastinaken dazugeben und noch zwei Minuten kochen. Auf die Seite stellen. Meeresfrüchte abseihen, 125 ml der Flüssigkeit aufheben. Die Milch, die Zwiebel, Lorbeerblatt und Nelken 25 Minuten lang bei schwacher Hitze kochen. Durch ein Sieb in eine Schüssel gießen. Den Rest der Butter in einem Topf schmelzen, Mehl zugeben, 1 Minute kochen und dann langsam die abgeseihte Flüssigkeit glatt unterrühren. Meeresfrüchte und Lachs hinzufügen, 2 Minuten kochen, dann das vorbereitete Gemüse, Petersilie und Zitronensaft unterrühren. Mit Salz und Pfeffer abschmecken. Eine rechteckige Auflaufform (30 x 25 cm) gut buttern und die Mischung hineingießen. Die Kartoffeln mit der Haut zerstampfen, Butter, Milch, Salz und Pfeffer hineinarbeiten, daß ein schöner Kartoffelbrei entsteht. Mit dem Brei den Auflauf zudekken und mit dem geriebenen Käse bestreuen. Herd auf 175° vorheizen und Auflauf auf der unteren Schiene backen, bis die Oberfläche schön braun ist.
Für 4 bis 6 Personen.

PETRUS

Petrus war ein Fischer aus Galiläa und hieß ursprünglich Simon. Sein Bruder Andreas führte ihn zu Jesus, der ihm den Namen Petrus, *Fels*, gab. Er wird im Neuen Testament 150 mal und stets als Erster der Apostel genannt. Ihm übergab Jesus die Schlüssel zum Himmelreich, und auf ihn wollte Jesus seine Kirche bauen. Trotz seiner Verleugnung übertrug ihm Jesus sein Hirtenamt, nämlich die Aufgabe, seine „Schafe zu weiden“, und nach der Himmelfahrt war Petrus wegweisend für die frühe Kirche. Die hl. Klemens und Irenäus bezeugen sein Wirken als erster Bischof von Rom, wo er im Jahre 64 unter Kaiser Nero das Martyrium erlitt. Petrus ruht unter dem Hauptaltar des Petersdomes im Vatikan. Er ist der Patron der ganzen Kirche und der Fischer, sein Festtag ist der 29. Juni, den er mit Paulus teilt. Dargestellt wird er mit den Schlüsseln des Himmels, als Fischer, bei der Verleugnung, als Bischof oder bei seiner Kreuzigung mit dem Kopf nach unten. Der Petersfisch hat seinen Namen vom „Fingerabdruck“ auf der Flanke, den Petrus hinterließ, als er ihm ein Goldstück aus dem Maul gezogen hat (Mt 17,27).

Peters Fischtopf mit Limettensauce

Fischtopf

400 g Rotbarsch- oder Kabeljaufilet
250 g Kartoffeln
1 kleiner Blumenkohl
1 kleine Dose Spargelstücke
250 g Shrimps
2 EL Crème fraîche
5 EL Weißwein
Salz und weißer Pfeffer
1 Bund Estragon
50 g Kerbel

Limettensauce

200 ml Crème fraîche
2 EL süße Sahne
2 EL Limettensaft
1 EL Honig
Salz und weißer Pfeffer

Fischfilet waschen und in kleine Würfel schneiden. Die Kartoffeln schälen und in Scheiben schneiden. Den Blumenkohl putzen und in Röschen aufteilen. Die Kartoffeln, den Blumenkohl, die abgetropften Spargelstücke und die Shrimps in eine feuerfeste Form geben. Crème fraîche und Weißwein mit Salz und Pfeffer, den gewaschenen und gehackten Kräutern verrühren und darüber gießen. Mit Alufolie abdecken und im vorgeheizten Backofen bei 220° ungefähr 20 bis 30 Minuten garen. Die Folie abnehmen und nochmals 5 Minuten überbacken.
Für die Soße wird die Crème fraîche in eine Schüssel gegeben, Sahne, Limettensaft und Honig wird eingerührt. Mit Salz und frisch gemahlenem Pfeffer abschmekken. Die Crème fraîche kann durch Frischkäse oder Joghurt ersetzt werden, anstelle des Limettensafts kann Zitronensaft verwendet werden. Mit Kopfsalat servieren. Für 4 bis 6 Personen.

Petersfischfilet mit Broccolisoße

152

4 EL Butter
2 Schalotten, fein gehackt
600 g Broccoli
250 ml Fischbrühe
1 kg Filet vom Petersfisch
Salz und Pfeffer
4 EL süße Sahne

Statt Petersfisch kann Seezunge verwendet werden. Backofen auf 190° vorheizen. Die Hälfte der Butter in einem Topf schmelzen, die Schalotten mit einer Prise Salz zugeben und leicht dünsten.
Den Broccoli gründlich waschen, die Stengel schälen, in kleine Stücke schneiden, in den Topf mit den Schalotten geben und die Hälfte der Fischbrühe zugießen. Zudecken und 20 Minuten kochen, bis der Broccoli weich ist. Falls die Flüssigkeit ganz verdampft, mehr von der Fischbrühe nachgießen. Mit Salz und Pfeffer würzen. Während der Broccoli kocht, eine feuerfeste Form buttern und die Filets hineinlegen. Mit Salz und Pfeffer würzen, mit Alufolie zudecken und 10 Minuten backen. Den gekochten Broccoli mit allem Saft fein pürieren und in einen Topf gießen. Die Sahne hinzufügen, langsam zum Kochen bringen und unter ständigem Umrühren 5 Minuten schwach kochen. Soße mit Salz und Pfeffer abschmecken und warmhalten. Die Fischfilets auf einer Servierplatte arrangieren, Soße um die Filets und den Saft vom Kochen des Fischs darübergießen und sofort servieren. Für 4 bis sechs Personen.

Ein Gericht, das man in England mit Pommes Frites und Erbsen in vielen Pubs bekommt.

St. Peter's Pie

FISCHAUFLAUF SANKT PETER

425 ml Milch
Salz und Pfeffer
1 Prise Muskatblüte
1 Lorbeerblatt
250 g Kabeljau
250 g geräucherter Schellfisch
2 EL Butter
2 EL Olivenöl
1 TL Knoblauch, fein gewiegt
2 hartgekochte Eier

Käsesoße

2 EL Butter
1 EL Mehl
1 Prise Muskat
4 EL Schweizer Käse und Parmesan gerieben

In einem großen Topf Milch mit Salz und Pfeffer, Muskatblüte und Lorbeerblatt zum Kochen bringen, den Fisch hinzufügen und ungefähr 20 Minuten lang auf kleinster Flamme zugedeckt kochen lassen. Dann Flüssigkeit abseihen und aufheben. In einer Schüssel den Fisch mit einer Gabel zu Flocken brechen und dabei vorsichtig alle Gräten und die Haut entfernen. Mit der Gabel den Fisch ganz klein zerstampfen und dabei die geschmolzene Butter, das Olivenöl, den Knoblauch und die Sahne sowie 2 Eßlöffel der Kochflüssigkeit hineinarbeiten. Wenn alles gut gemischt ist, mit Salz und Pfeffer abschmecken. Diese Mischung in eine runde Auflaufform geben und mit den in Scheiben geschnittenen hartgekochten Eiern bedecken. Backofen auf 220° vorheizen.
Für die Soße die Butter in einem Topf schmelzen, und wenn sie schaumig wird, vom Herd nehmen und das Mehl einrühren. $^{1}/_{4}$ l Milch von der warmen Kochflüssigkeit dazugeben, bis ein dicker Brei entsteht. Den Topf wieder erhitzen, unter ständigem Umrühren den Rest der Flüssigkeit dazugießen und so lange erhitzen, bis die Soße sich verdickt. Mit Salz, Pfeffer und Muskat würzen und noch 5 Minuten schwach kochen. Den geriebenen Käse in die Soße einrühren und alles über die Eier gießen. Auf der oberen Schiene im Backofen so lange braten, bis die Oberseite schön gebräunt ist. Mit Pommes Frites oder Kartoffelbrei und grünem Gemüse servieren. Für 4 bis 6 Personen.

ROCHUS

Rochus wurde um 1295 im französischen Montpellier geboren, gab nach dem frühen Tod seiner Eltern sein ganzes Vermögen den Armen und verbrachte sein Leben auf Pilgerfahrt. Unterwegs nach Rom heilte er Pestkranke allein durch das Kreuzzeichen, aber auf dem Rückweg steckte er sich in Piacenza selber an. Der Legende nach wurde er von einem Hund mit Brot versorgt. Als Rochus seine Gesundheit wiedererlangt hatte, setzte er seine Reise fort, wurde aber in der Lombardei als Spion ins Gefängnis geworfen, wo er 1327 starb. Sein Ruf verbreitete sich über ganz Europa, geriet wegen des Verschwindens der Pest in Vergessenheit und lebte anläßlich einer Choleraepidemie im 19. Jahrhundert wieder auf. Sein Festtag ist der 16. August, er ist Patron der Ärzte und der Gefangenen. Mit Jakobus ist er auch Patron der Pilger, und entlang des Jakobsweges tragen viele Kirchen seinen Namen. Er wird meistens als Pilger mit Pestbeule am Bein und mit dem Hund aus der Legende dargestellt.

Ein ursprünglich spanisches Rezept.

Rochusfinger

4 Eigelbe
4 EL Zucker
1 Prise Salz
500 ml Milch, lauwarm
1 EL Weinbrand
Katzenzungen

Eigelbe leicht schlagen, Zucker und Salz dazugeben, lauwarme Milch unter dauerndem Rühren langsam hinzufügen. Über schwacher Hitze erwärmen, bis sich die Mischung verdickt, aber nicht kocht. Am besten im Wasserbad erhitzen. Absieben, abkühlen und dann Weinbrand einrühren. Katzenzungen auf den Boden und den Rand einer kleinen Schüssel legen, die Eigelbmasse darübergießen und kaltstellen. Nach Belieben kann man geriebene Schokolade daraufstreuen. Für 4 Personen.

SEBASTIAN

Sebastian stammte aus Mailand und erlitt Ende des dritten Jahrhunderts unter Kaiser Diokletian das Martyrium. Der Legende nach trat er in das römische Heer ein, um verfolgte Christen besser unterstützen zu können. Er brachte es bis zum Offizier der Leibwache, aber als der Kaiser herausfand, daß Sebastian selber Christ war, verurteilte er ihn zum Tode. Er wurde an einen Baum gebunden, von Pfeilen durchbohrt und liegen gelassen, aber die hl. Irene pflegte ihn wieder gesund. Sebastian trat wieder vor den Kaiser und hielt ihm seine Christenverfolgung vor, worauf Diokletian den Totgeglaubten erschlagen und in den Tiber werfen ließ. Sebastian wurde an der Via Appia beigesetzt, in der Nähe der heutigen Kirche S. Sebastiano. Sein Festtag ist der 20. Januar, er ist Schutzpatron der Schützen und bei Hautkrankheiten.

Dieses Rezept trägt den baskischen Namen der Stadt San Sebastian.

Truchas al Horno a la Donostiarra

FORELLEN SAN SEBASTIAN

6 Forellen, gesäubert, je 250–300 g
1 Zwiebel, gehackt
1 Zitrone
2 EL Olivenöl
2 EL Petersilie, gewiegt
1 TL Salz
1/4 TL Pfeffer
1 EL Butter

Fisch gut waschen und trocknen. In eine feuerfeste Form legen, Öl, Zwiebel, die Hälfte der Petersilie und die Gewürze dazugeben. Zitronensaft ausdrücken und die Hälfte über den Fisch gießen. Fisch in dieser Mischung eine Stunde stehenlassen. Fisch im vorgeheizten Herd 20 Minuten bei 175° backen. In einer Pfanne Butter schmelzen und den Rest der Petersilie ein paar Sekunden heiß braten, den Rest des Zitronensafts dazugießen und die Mischung über die gebackenen Fische verteilen.

SILVESTER

Silvester wurde 284 zum Priester geweiht und am 31. Januar 314 zum Bischof von Rom gewählt. Er war der erste Papst, der keine blutige Christenverfolgung mehr fürchten mußte, und das Konzil von Nizäa, das die Gottheit Christi gegen die arianische Irrlehre bestätigte, fiel in sein Pontifikat. Kaiser Konstantin schenkte ihm den Lateran, und Silvester baute viele andere Kirchen, darunter vermutlich auch den ersten Petersdom. Er starb 335, seine Gebeine wurden im achten Jahrhundert in die Kirche S. Silvestro übertragen. Der Legende nach heilte er Konstantin vom Aussatz und taufte ihn auf seinem Sterbebett. In der Kunst wird Silvester immer als Bischof oder Papst dargestellt, oft mit einem Stier in Ketten. Mit seinem Festtag am 31. Dezember, dem letzten Tag des Jahres, ist der Patron der Haustiere auch Patron für ein gutes Jahr.

Dieses Rezept für den letzten Tag des Jahres ist nichts für Leute, die auf ihr Gewicht oder ihren Zucker achten müssen. Der Kuchen hat die Tendenz sehr schnell zu verschwinden.

Collerette de la Saint-Sylvestre aux Trois Chocolats

SCHOKOLADENKRANZ ZU SILVESTER

Kuchen

6 Eier

200 g Puderzucker

125 g Mehl

1/2 TL Backpulver

100 g Kakao

1 Prise Salz

Füllung

150 g Sauerkirschen aus dem Glas, entkernt

200 g Milchschokolade

100 ml Schlagsahne

Dekoration

200 g Bitterschokolade

200 g weiße Schokolade

Johannisbeergelee, rot

Herd auf 175° vorheizen. Kranzform gut buttern und mit Mehl bestreuen. Überschüssiges Mehl abschütteln. Eier trennen. Eigelb mit dem Puderzucker umrühren, bis es locker und cremig ist. Mehl, Backpulver und Kakao daraufsieben. Eiweiß schnittfest schlagen, auf das Mehl legen und dann alles gut durchmischen, aber nicht rühren. Den Teig in die Kranzform gießen, Oberfläche glattstreichen. In der Mitte des Herdes 30 bis 40 Minuten bakken. Kuchen aus der Form nehmen und abkühlen lassen. Für die Schokoladenspäne Schokolade im Wasserbad schmelzen, messerdick auf eine glatte, feste Oberfläche gießen und etwas abkühlen lassen. Die harte Schokolade mit einem großen Messer, das man im spitzen Winkel zur Schokolade hält, zu großen Spänen schaben. Späne aufheben und mit der anderen Sorte wiederholen. Den Kuchen horizontal in der Mitte durchschneiden. Die Sauerkirschen abtropfen lassen. Ein paar Löffel des Saftes auf die obere geschnittene Seite des Kuchens tropfen. Kirschen auf die untere Hälfte des Kuchens legen. Milchschokolade im Wasserbad schmelzen. Die Sahne erwärmen und sofort in die heiße Schokolade gießen. Gut umrühren, etwas abkühlen lassen und über die Kirschen verteilen. Mit der oberen Hälfte des Kranzes zudekken. Die vorbereiteten Schokoladenspäne auf den Kuchen legen, dunkle und weiße Schokolade abwechselnd. Die Späne halten besser, wenn der Kuchen mit Johannisbeergelee bestrichen ist. Wenn keine Schokoladenfanatiker mitessen, reicht es für 8 bis 10 Personen.

STEPHANUS

Stephanus war laut Apostelgeschichte einer der sieben Diakone, die von den Aposteln eingesetzt wurden, um ihnen zu helfen. Wegen seiner provokativen Predigten wurde er der Gotteslästerung beschuldigt und als erster Märtyrer im Jahre 35 gesteinigt. Stephanus wird seit dem dritten Jahrhundert verehrt, und nach der Auffindung seines Grabes im Jahre 415 und der Überführung seiner Reliquien nach Rom und Konstantinopel nahm sein Kult sehr zu. Der Erzmärtyrer Stephanus ist Patron der Diakone und der Pferde, viele große mittelalterliche Kirchen sind nach ihm benannt, wie zum Beispiel der Wiener Dom. In der Kunst wird er als Diakon mit Buch und Stein oder mit einem Palmzweig dargestellt. Sein Festtag ist der 26. Dezember, der wegen des Weihnachtstrubels leicht vergessen wird. In Ungarn wird besonders der hl. König Stephan I. (969–1038) verehrt. Sein Gedenktag ist der 16. August.

Istváns Beigli

GEFÜLLTER HEFEZOPF

Teig
200 ml Milch, lauwarm
1 TL Zucker
1 EL Trockenhefe
500 g Mehl
50 g Puderzucker
250 g Butter
2 Eier
1 Prise Salz
Walnußfüllung
200 g Zucker
2 EL Wasser
300 g Walnüsse, frisch, fein gerieben
100 g Rosinen
1 Zitronenschale, gerieben
Mohnfüllung
300 g Mohn, gemahlen
200 ml Milch, kochend
200 g Zucker
4 EL Aprikosenmarmelade
100 g Rosinen
1 Zitronenschale, gerieben

Zucker, Hefe und 60 g Mehl mit der lauwarmen Milch vermischen, umrühren und stehenlassen, bis es schön schaumig ist. Puderzucker und Butter mit dem Rührgerät schlagen, bis eine Creme entsteht, dann ein Ei nach dem anderen hineinschlagen. Mehl mit Salz in eine Schüssel schütten, Buttermischung etwas einrühren und dann die Hefemischung darübergießen. Gut umrühren und zu einem guten Hefeteig verarbeiten. Wenn nötig mehr Milch zugeben, aber wenn der Teig zu weich ist, platzt der Kuchen beim Backen. Gut durchkneten, bis der Teig sehr elastisch wird und Blasen wirft. Schüssel abdecken und 2 Stunden an einen warmen Platz stellen, bis sich die Menge verdoppelt hat. Teig einmal durchkneten und in zwei Stücke teilen. Jedes Stück rechteckig ausrollen, Teigdicke etwa 6 mm. Mit feuchtem Tuch bedecken und eine halbe Stunde gehenlassen. In der Zwischenzeit Füllungen herstellen. Zucker in 2 Eßlöffel Wasser bei schwacher Hitze auflösen, die geriebenen Walnüsse einrühren und 5 Minuten lang kochen. Vom Herd nehmen, Rosinen und Zitronenschale einrühren. Abkühlen lassen, dann mit dem Rührgerät schlagen, daß eine Creme entsteht. Für die Mohnfüllung gießt man heiße Milch über den Mohn und läßt es eine Zeitlang stehen. Zucker bei schwacher Hitze in 2 Eßlöffel Wasser auflösen, die Mohnmischung zugießen, vom Herd nehmen und Aprikosenmarmelade, Rosinen und Zitronenschale einrühren. Abkühlen lassen und dann mit dem Rührgerät schlagen, bis eine cremige Masse entsteht. Die Füllung auf die Rechtecke streichen, aber 2 cm vom Rand bleiben. Teig vorsichtig aufrollen und auf ein gefettetes Backblech legen, so daß der Saum auf dem Blech ist. Die offenen Ränder der Rolle mit etwas Wasser verschließen, mit einem verquirlten Ei bestreichen und nochmals 30 Minuten in einem kühlen Raum gehenlassen. Die Rolle mit der Gabel ein paarmal außen einstechen, damit der Kuchen beim Backen nicht reißt. Nochmals mit dem Ei bestreichen und dann im vorgeheizten Herd bei 200° backen. Türe des Herdes 15 Minuten nicht öffnen. Backzeit etwa 25 Minuten. Der Beigli kann bis zu einer Woche ungeschnitten aufgehoben werden, dann wird er noch besser. Reicht für 8 bis 10 Personen.

THERESIA

Theresia wurde 1515 in Ávila geboren und mit 15 Jahren den Augustinerinnen zur Erziehung übergeben. 1535 trat sie in den Karmel von Ávila ein und wurde bald darauf sehr krank. Ab 1540 stellten sich nach und nach Visionen ein, die sie anfangs beunruhigten. Aus Unzufriedenheit mit dem lockeren Klosterleben gründete Theresia in Ávila ein neues Kloster mit strengerer Ordensregel. Gegen alle Widerstände gründete Theresia weitere Klöster und reformierte schließlich auch den männlichen Zweig des Ordens. 1580 wurde die Kongregation der Unbeschuhten Karmeliten anerkannt. Theresia war eine fruchtbare Autorin, deren Schriften zu den Klassikern der spanischen Literatur gehören. Sie starb im Jahre 1582, wurde 1622 heiliggesprochen und 1970 zur Kirchenlehrerin erhoben. Sie ist die Patronin Spaniens und wird oft mit einer Taube oder einem Buch dargestellt. Ihr Festtag ist der 15. Oktober.

Yemas de Santa Teresa

EIGELBGEBÄCK

125 g Zucker
25 ml Wasser
$^1/_2$ TL geriebene Zitronenschale
1 Zimtstange
4 Eigelbe

Viele kennen Yemas als spanische Spezialität. Dieses Rezept ist aus Ávila.

Zucker, Wasser, Zitronenschale und Zimtstange in einem Topf zum Kochen bringen und so lange kochen, bis sich kleine weiche Bällchen formen, wenn man die Flüssigkeit in kaltes Wasser tropfen läßt. Die Eigelbe in einer Schüssel schaumig schlagen. Die Zimtstange entfernen und die heiße Zuckerflüssigkeit unter dauerndem Umrühren in die Eigelbe einlaufen lassen. Diese Mischung bei schwacher Hitze so lange kochen lassen, bis sie sich verdickt, was vielleicht 10 Minuten dauern kann. Vom Herd nehmen und so lange weiterrühren, bis die Masse sehr dick ist und nicht mehr am Topfrand klebt. Die Mischung auf ein gebuttertes Blech gießen und so lange abkühlen lassen, bis man sie anfassen kann. Die warme Masse zu kleinen Kugeln formen und in Zucker rollen. Die Yemas können in Papier wie Pralinen serviert werden. Ergibt ungefähr 24 Yemas.

Pan de Santa Teresa

THERESENBROT

500 ml Milch
3 EL Zucker
1 Zimtstange
1 Stück Zitronenschale
12 etwas trockene Weißbrotstücke (2 cm dick)
3 Eier
1 Prise Salz
Olivenöl
Zimtzucker

Brot am Vortag in Scheiben schneiden, damit es leicht antrocknet. Die Milch mit dem Zucker, der Zitronenschale und der Zimtstange 5 bis 10 Minuten leicht kochen, bis die Milch den Geschmack von Zimt und Zitrone gut aufgenommen hat. Dies kann am Vortag gemacht werden, falls es zum Frühstück serviert werden soll. Die Eier in einer flachen Schüssel mit einer Prise Salz gut verquirlen. Eine Scheibe Brot in die gewürzte Milch legen, umdrehen und dann in die Eimischung legen und auch umwenden. Etwas Olivenöl in die heiße Pfanne geben, mit einem Bratenheber ein Stück Brot in die Pfanne legen und auf beiden Seiten schön goldgelb backen. Mit Zimtzucker leicht bestreuen und warm servieren.

THOMAS

Thomas der Apostel wird in allen vier Evangelien erwähnt. Berühmt ist er als Zweifler an der Auferstehung Christi geworden, der sich erst überzeugen ließ, als er die Wundmale Christi berühren durfte. Es wird angenommen, daß er über Persien nach Indien gelangte und als Glaubensbote dort im Jahre 72 mit einer Lanze ermordet wurde. Seine Reliquien gelangten auf seltsamen Wegen nach Italien, wenn sie nicht in São Tomé sind. Er wird meistens als „Ungläubiger Thomas" mit dem Auferstandenen dargestellt. Thomas ist der Patron von Portugal und Ostindien, der Schutzpatron der Architekten und Theologen. Sein Festtag ist der 3. Juli.

Ein altes deutsches Rezept, das am Thomastag gebacken wurde.

Thomasstriezeln

1 EL Trockenhefe
125 ml Sauerrahm
1 Zitronenschale, gerieben
250 g Mehl
3 Eigelbe
125 g Butter
60 g Puderzucker
1 EL Zimt

In einer Schüssel Hefe mit Sauerrahm mischen und 5 Minuten stehenlassen. Alle anderen Zutaten dann hinzugeben und umrühren. Wenn der Teig nicht mehr klebt, 5 Minuten durchkneten. Ein Blech (40 x 16 cm) gut buttern und den Teig darauf ausrollen. Den Teig in lange, fingergroße Stücke schneiden, mit extra geschmolzener Butter bestreichen, Puderzucker und Zimt mischen und die Striezeln damit gut bestäuben. Mit einem Handtuch zudecken und an einem warmen Platz 1 Stunde gehenlassen, Im vorgeheizten Herd bei 175° goldgelb backen, was etwa 30 Minuten dauern sollte.
Ergibt ungefähr 40 Finger.

VALENTIN

Valentin ist im englischen Sprachraum sehr bekannt, denn an seinem Festtag, dem 14. Februar, backt man einen Kuchen mit rosa Tortenguß und schreibt seinem Schatz eine Karte. Valentin war Bischof von Terni und erlitt um 268 das Martyrium in Rom. Seine Reliquien werden schon seit dem achten Jahrhundert verehrt. Neben Valentin von Rom, der früher ebenfalls am 14. Februar verehrt wurde, wird unser Valentin oft mit Valentin von Rätien verwechselt, einem Bischof des 5. Jahrhunderts, dessen Reliquien in Passau sind. Valentin wird immer als Bischof dargestellt, er ist der Patron der Verliebten, Reisenden und Imker. Er ist wegen der Legende von einer Heilung auch der Patron der Krüppel und der Epileptiker.

St. Valentine's Day Cake

VALENTINSKUCHEN

Torte
3 Eier
175 g Zucker
2 EL starker schwarzer Kaffee
150 g Mehl
Glasur
125 g Butter
225 g Puderzucker
3 EL starker schwarzer Kaffee
Rote Lebensmittelfarbe
Karamel
100 g Zucker
125 ml Wasser

Eier trennen. Eigelbe mit dem Zucker und dem Kaffee im Wasserbad erhitzen und fest umrühren, bis es sich verdickt hat. Vom Wasserbad nehmen und noch eine Minute fest rühren. Eiweiß schnittfest schlagen. Mehl in die Eigelbmischung sieben und Eiweiß darunterziehen. Den Teig möglichst in eine Herzform gießen und bei 175° 45 Minuten backen. Herausnehmen und abkühlen lassen.

Für den Überzug die Butter auf Zimmertemperatur bringen und mit dem Rührgerät locker schlagen. Puderzucker hineinsieben und den kalten Kaffee langsam unterrühren. Für einen rosa Kuchen etwas rote Lebensmittelfarbe dazugeben. Kuchen in der Mitte durchschneiden. Ober- und Unterteil mit dem Überzug zusammenkleben. Den Rest über die Seiten und die Oberfläche des Kuchens verteilen, glattstreichen und nach Belieben mit gespritzten Sternchen dekorieren. Wasser und Zucker in einem Topf schnell zum Kochen bringen und bei großer Hitze so lange kochen, bis der Karamel goldgelb ist. Auf ein Stück Backpapier gießen, abkühlen lassen, in kleine Stückchen brechen und den Kuchen damit dekorieren. Für 8 Personen.

Ein traditionelles Rezept in der englischsprachigen Welt. Die Verbindung des Heiligen mit den Liebenden rührt von den Vögeln: Am 14. Februar beginnen sie angeblich mit dem Nestbau.

VITUS

Von Vitus oder Veit wissen wir nur, daß er um 305 in der römischen Provinz Lucania das Martyrium erlitt. Seiner Heiligenlegende nach wurde er mit zwölf Jahren Christ und floh vor seinem heidnischen Vater nach Rom. Dort befreite er zwar den Sohn des Kaisers von einem Dämonen, aber als sein Christsein bekannt wurde, wurde er gefoltert. Es gelang ihm nach Lucania zurückzukehren, wo er starb. Seine Amme Crescentia und sein Erzieher Modestus erlitten das gleiche Schicksal und werden ebenfalls am 15. Juni gefeiert. Heute nimmt man eher zwei verschiedene Märtyrergruppen an. Reliquien von Vitus sind über ganz Europa verteilt, am bekanntesten sind die im Prager Veitsdom. Auf ihn geht auch der sogenannte Veitstanz zurück. Vitus wird meistens als Jüngling mit Ölkessel, Palme oder Buch dargestellt. Er ist Patron der Tänzer, Schauspieler und der Schutzpatron Böhmens. Der Nothelfer soll auch den Sterbenden helfen.

Ein netter Imbiß aus Sizilien, der gut zum Wein paßt.

Sfincione di San Vito

IMBISS ZUM VEITSTAG

Teig
1 EL Trockenhefe
1 TL Salz
1 TL Zucker
4 TL Olivenöl
375 ml Wasser, lauwarm
500 g Mehl
Füllung I
250 g Schweinebraten, gekocht und gehackt
250 g Mozarella, gerieben
125 g Romanokäse, gerieben
250 g Salami, fein gewürfelt
Salz und Pfeffer
Füllung II
2 Zwiebeln, mittelgroß, gehackt
1 EL Olivenöl
1 Dose Sardellenfilet
125 ml Tomatensoße
250 g Mozarella, gerieben

Hefe, Salz und Zucker mit dem Olivenöl im lauwarmen Wasser auflösen. Ein paar Minuten stehenlassen, dann genug Mehl hineinmischen, daß ein glatter Teig entsteht. Gut durchkneten, die Oberfläche mit etwas Olivenöl bestreichen, zudecken und dann an einem warmen Platz stehenlassen, bis sich die Menge verdoppelt hat. Kurz durchkneten und ein zweites Mal gehenlassen. Für die erste Füllung alle Zutaten mischen. Für die zweite Füllung die Zwiebel in Olivenöl anbräunen, die Sardellenfilets kleinschneiden und dann mit dem Rest der Zutaten mischen. Die Hälfte des Teigs rund ausrollen, eine der Füllungen darauf legen und mit der anderen ausgerollten Hälfte des Teiges zudecken. Ränder verschließen, auf ein gut gefettetes Blech legen, auf der Oberfläche mit dem Messer ein paar Schlitze schneiden, daß der Dampf entweichen kann. Mit einem Handtuch zudecken und nochmals 45 Minuten gehenlassen. Im Herd bei 200° ungefähr 30 Minuten goldgelb backen. Für 6 bis 8 Personen.

WALARICH

Walarich oder Valéry, wie er in Frankreich heißt, wurde in der Auvergne als Sohn eines Schafhirten geboren. Er lernte trotz seines Standes lesen und wollte Mönch werden. Zuerst schloß er sich einem Kloster in der Nähe von Auxerre an, dann zog er in das Kloster des hl. Kolumban bei Luxeuil. Als König Theodorich das Kloster auflöste, wurde Walarich Missionar in Neustrien und schließlich Einsiedler an der Mündung der Somme. Mit Schülern, die mit ihm leben wollten, gründete er um 614 die Abtei St. Leuconay, deren erster Abt er wurde. Der Legende nach verbreitete er das Evangelium in der Normandie und entlang des Ärmelkanals. Er starb 622, sein Festtag ist der 1. April. Er ist Patron der Schiffer und wird meistens als Abt dargestellt.

Kartoffeltorte Saint-Valéry

300 g Lauch
1 Zwiebel, gehackt
100 g Magerspeck, fein gehackt
250 g Mehl
120 g Butter
4 EL Weißwein
140 g Butter
125 ml Rahm
1 Eigelb
1 EL Petersilie, gehackt
2 TL Kräuter der Provence
Salz und Pfeffer

Das Mehl in eine Schüssel geben. 120 g Butter und etwas Salz dazugeben. Zwischen den Fingern zu kleinen gleichmäßigen Krümeln zerreiben. $^1/_8$ l Wasser zufügen und alles rasch zu einem Teig kneten. Zu einer Kugel formen und 1 bis 2 Stunden ruhenlassen. Die Kartoffeln schälen und in dünne Scheiben schneiden. Lauch putzen und in dünne Ringe schneiden.

Zwiebel, Lauch und Speck 5 Minuten mit einem Eßlöffel Butter andünsten. Kartoffelscheiben zufügen, wenden und leicht andünsten. Die Kräuter daruntermischen. Mit dem Wein ablöschen. 5 Minuten lang dünsten. Mit Salz und Pfeffer würzen. Den Teig etwa 4 mm dick ausrollen. Eine Springform mit 25 cm Durchmesser mit einem Teelöffel Butter bestreichen und mit zwei Dritteln des Teiges auskleiden. Dabei einen Rand von 5 cm hochziehen. Aus dem restlichen Teig einen Deckel ausschneiden. In der Mitte ein Dampfloch markieren. Den Teigboden mit einer Gabel mehrmals einstechen. Die abgekühlten Kartoffeln daraufgeben. Den Teigrand auf die Füllung umschlagen. Mit Eigelb bestreichen, dann den Deckel auflegen und gut andrücken. Mit Teigresten verzieren. Die Torte zweimal mit Eigelb bestreichen. 10 Minuten bei 220° backen, dann das Dampfloch aufstechen. Den Rahm mit den 2 restlichen Eigelben, wenig Salz und Pfeffer mischen und durch die Öffnung gießen. 30 Minuten fertigbacken. Heiß servieren. Für 6 bis 8 Personen.

WILFRIED

Wilfried wurde 633 geboren und im berühmten Kloster Lindisfarne erzogen. Er studierte in Canterbury und Rom und wurde nach weiteren drei Jahren in Lyon Abt des Klosters Ripon in England. 664 wurde er zum Bischof von York gewählt und reiste wegen seiner Bischofsweihe nach Frankreich. Als er Jahre später zurückkehrte, hatte ein anderer seinen Platz eingenommen, und Wilfried kehrte nach Ripon zurück. Drei Jahre später wurde er als Bischof wiedereingesetzt. In den nächsten zwölf Jahren gründete er viele Klöster und vergrößerte seine Diözese. Weil er die Königin ermutigt hatte, ihren Mann zu verlassen und Nonne zu werden, spaltete der Erzbischof von Canterbury mit Unterstützung des Königs das Bistum in vier Teile. Trotz einer erfolgreichen Beschwerde in Rom verlor Wilfried seinen Sitz und ging als Missionar nach Sussex. 680 wurde er als Bischof von York wiedereingesetzt, allerdings mit Einschränkungen. Im Jahre 703 wurde er wieder als Bischof abgesetzt, aber eine zweite Beschwerde gab ihm seinen Sitz zurück. Er starb zwei Jahre später und wurde in Ripon begraben. Er wird als Abt oder Bischof dargestellt, sein Festtag ist der 12. Oktober.

Ein traditionelles Rezept aus Yorkshire zum Festtag des hl. Wilfried.

Wilfrieds Apfelkuchen

Teig
375 g Mehl
200 g Butter, Zimmertemperatur
5 EL kaltes Wasser
2 EL Zucker
1 TL Zitronensaft
1 Prise Salz
Füllung
700 g Äpfel, nicht süß
125 g brauner Zucker
60 g milder Käse, gerieben

Mehl in eine Schüssel geben und die in kleine Würfel geschnittene Butter hinzugeben. Mit den Fingern die Butter in das Mehl reiben, so daß die Mischung wie grobe Semmelbrösel aussieht. Wasser, Zucker und Salz dazugeben und zu einem geschmeidigen Teig verarbeiten. Eine Form (20 x 30 cm) mit einem hohen Rand gut buttern und mit der Hälfte des Teiges den Boden bedecken.

Die Äpfel schälen, entkernen, in kleine Scheiben schneiden und auf den Teig legen. Mit Zucker und Käse bestreuen. Den Rest des Teiges ausrollen und die Äpfel damit zudecken. Mit etwas Milch bestreichen, mit Zucker bestreuen und dann bei 175° im Backofen ungefähr 40 Minuten backen. Wenn abgekühlt, den Kuchen in 24 Rechtecke schneiden.

KALENDER

JANUAR
2 Basilius
7 Emilianus
16 Honoratus
17 Antonius der Große
20 Sebastian
21 Agnes
29 Costanzo

FEBRUAR
1 Brigitta
3 Blasius
14 Valentin

MÄRZ
1 David
17 Patrick
19 Joseph

APRIL
1 Walarich
23 Georg
25 Markus

MAI
5 Angelus
15 Isidor

JUNI
13 Antonius von Padua
15 Vitus
24 Johannes
29 Petrus

JULI
3 Thomas
13 Kunigunde
20 Margareta
22 Maria Magdalena
25 Jakobus
26 Anna
29 Marta
31 Germanus, Ignatius

AUGUST
8 Dominikus
10 Laurentius
16 Rochus
18 Helena
25 Ludwig
28 Augustinus
30 Felix

SEPTEMBER
7 Chlodwald
16 Ninian
17 Hildegard
19 Januarius
22 Mauritius
29 Florentinus, Michael

OKTOBER
4 Franz von Assisi
9 Dionysius
12 Wilfried
14 Manechildis
15 Theresia
16 Hedwig
18 Lukas

NOVEMBER
3 Florus, Hubert
4 Karl Borromäus
11 Martin
18 Odo
19 Elisabeth
22 Cäcilia
23 Klemens
25 Katharina
30 Andreas

DEZEMBER
3 Franz Xaver
4 Barbara
6 Nikolaus
7 Ambrosius
13 Luzia
14 Fortunatus
26 Stephanus
31 Silvester, Franz Régis

REZEPTEVERZEICHNIS

VORSPEISEN – SUPPEN

HAUPTSPEISEN

BEILAGEN – BROT

NACHSPEISEN – KUCHEN

Die Kloster Andechs-Reihe
Traditionelle Lebenskunst

ISBN 3-929246-71-6

ISBN 3-929246-58-9

ISBN 3-929246-47-3

ISBN 3-929246-29-5

ISBN 3-929246-41-4

ISBN 3-929246-08-2

Jeder Band 20,5 x 25,5 cm, geb., 176 Seiten

SANKT ULRICH VERLAG